아무것도
하기 싫은 사람을 위한
뇌 과학

YARUKI GA DERU NOU
Copyright ⓒ 2020 Toshinori Kato
Original Japanese edition published by Subarusya Corporation
Korean translation rights arranged with Subarusya Corporation
through The English Agency (Japan) Ltd. and Danny Hong Agency.

이 책의 한국어판 저작권은
대니홍 에이전시를 통한 저작권사와의 독점 계약으로 ㈜웅진씽크빅에 있습니다.
저작권법에 의해 한국 내에서 보호를 받는 저작물이므로 무단전재와 복재를 금합니다.

아무것도
하기 싫은 사람을 위한
뇌 과학

가토 도시노리 지음 | 정현옥 옮김

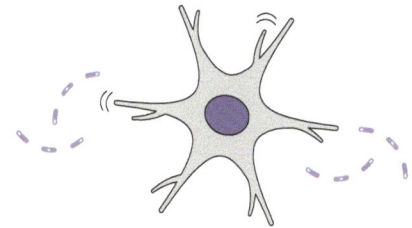

| 들어가며 |

아무것도 하기 싫은 하루에
갇힌 당신에게

- 집과 회사만 오가다 일주일을 그냥 흘려보낸다.
- 늦잠을 늘어지게 자고 해가 중천에 떠서야 일어난다.
- 모든 인간관계가 귀찮고 혼자 집에 있는 게 좋다.
- 딱히 취미도 없고 하루 종일 스마트폰만 주야장천 들여다본다.
- 금세 피곤해져서 무슨 일이든 오래 못 한다.
- 멍하니 있다 정신 차려 보면 해가 저물고 있다.
- 사람들과 대화하는 게 낯설고 두려워서 말을 버벅댄다.
- 강한 자극이나 대가 없이 몸과 머리가 반응하지 않는다.

외래 진료를 하다 보면 늘 에너지가 바닥에 머무는 듯한 사람이 이따금 눈에 띈다. 오랜 기간 뇌의 활성화 수준이 낮은 상태로 지내온 경우다.

60세를 넘긴 사람들은 뇌를 꼭 필요한 특정 부분만 사용하며 항시적 절약 모드로 작동시킨다. 그런데 요즘에는 20~30대의 젊은 사람들도 뇌를 제대로 쓰지 않는 경우가 늘고 있다. "사람들이 저보고 산송장이래요."라고 말하는 사람도 있었다. 병원 검사 결과 우울증도 아니라는데 막연히 기운이 없거나 딱히 하고 싶은 일도 없고 무엇 하나 활발하게 하지 못한다.

이런 상태에 편안함과 안정감을 느낀다면 구태여 일을 벌여 움직일 필요 없다. 그러나 대다수는 물에 젖은 빨래처럼 축 늘어진 삶에 만족하지 못하고 주위의 활력 넘치는 사람을 부러워한다. 하루 종일 누워서 스마트폰만 들여다보고 있는 자신이 한심하게 느껴지는 반면, 자기가 좋아하는 일을 하며 인생을 즐기는 사람들은 매력적으로 보인다. 그들은 삶에 대한 열정이 있고 마음먹은 일에 곧바로 뛰어드는 행동력이 있으며 결단력이 뛰어난데다 말도 명쾌하게 한다.

활력 넘치는 사람과 아무것도 하기 싫은 사람 사이에는 어떤 차이가 있을까?

의욕을 불러일으키는 스위치란 게 정말 있을까?

나는 의사로서 지금까지 수많은 사람을 만나 뇌 관련 질병을 진단하고 치료해왔다. 이제는 처음 만나는 사람이어도 표정만 보면 그의 뇌가 어떤 상태인지 얼추 그려진다. 의지가 약한 사람은 대부분 뇌 전체를 골고루 쓰지 못한다. 행동 에너지와 뇌의 작용은 긴밀하게 연결되어 서로 반응을 주고받기 때문에 뇌가 움직이지 않으면 행동 의지가 생기지 않는다.

성향의 대부분은 그때그때 뇌의 발달과 뇌의 작용으로 결정된다. 즉, 뇌를 제대로 발달시키면 누구든 무기력에서 벗어나 의욕적인 성향으로 바뀔 수 있다. 이 책에서는 의욕을 불러일으키는 실용적이면서도 매우 간단한 팁들을 알려줄 것이다.

우리 뇌에는 '의욕 스위치'가 있다!

뇌 기능을 강화하기 위해서는 뇌 구조를 이해해야 한다. 뇌는 약 1000억 개의 신경세포(뉴런, neuron)로 구성되어 있는데, 겉으로 보기엔 비슷해 보이지만 각 부위마다 반응하는 자극과 그에 따른 작용이 다르다. 나는 그 역할과 활동에 따라 뇌 전체를 좌뇌와 우뇌 각각 60개씩 총 120개 구역으로 나눈다. 그리고 이 120개 구역을 우리 행동과 밀접

기능별 뇌 구조

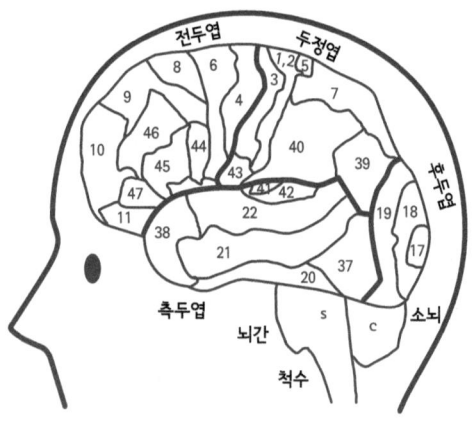

뇌는 같은 움직임을 보이는 신경세포의 분포에 따라 구역이 나뉘는데, 안쪽에 위치해 단면상 보이지 않는 해마, 편도체, 시상 등을 합쳐 총 120개의 구역이 있다.

한 주요 기능들을 기준으로 사고, 시각, 청각, 이해, 전달, 운동, 기억, 감정 영역으로 분류한다. 활동적인 사람은 이 8개 뇌 영역이 고루 발달한 반면, 의지가 약하고 무기력한 사람일수록 발달하지 못한 뇌 영역이 넓게 퍼져 있다.

어느 영역이 특히 발달했는지(혹은 발달하지 않았는지)는 개인의 생활습관과 사고방식에 따라 매우 다르다. 따라서 평소에 어떤 일을 주로 하고 어떤 능력을 자주 사용하는지를 고려해 둔화된 영역을 파악하고 이를 우선적으로 단련해야 한다.

나는 45년간 뇌를 연구해오면서 각 뇌 영역을 단련할 수 있는 방법들을 다각도로 제안해왔다. 뇌의 각성 수준을 높여 행동력을 키우는 방법, 의지박약에서 벗어나는 일상 속 작은 습관, 원하는 대로 몸을 움직여 에너지를 발산하는 구조, 자신에 대해 알고 표현하는 비법 등을 이 책에 담았다.

무기력은 의지의 문제가 아니라 뇌의 문제일 수 있다. 평소 잘못된 생활습관이 뇌 기능을 저하시켜 좀처럼 몸과 정신에 활력이 돌지 않는 것이다. 그 사실을 발견한 후 나는 만족스러운 하루를 위해 매일 의식적으로 뇌를 단련한다.

비록 지금은 아무것도 하고 싶지 않고 수시로 몸을 눕히고만 싶은 사람이라도 평소의 사소한 습관을 바꾸는 것만으로 충분히 활동적인 모습으로 거듭날 수 있다.

사람들은 보통 나이가 들면 신체 기능이 떨어지듯 뇌도 늙는다고 생각한다. 이는 크나큰 오해다. 몸은 늙어도 결코 늙지 않는 것이 바로 우리의 뇌다. 뇌를 제대로 활성화시키는 법만 안다면 나이에 상관없이 우리 모두가 삶을 바꿀 수 있다. 그럼 이제 어서 본론으로 들어가볼까.

차례

들어가며_아무것도 하기 싫은 하루에 갇힌 당신에게   *005*

1장 무기력은 내 탓이 아니라 뇌 탓   *017*

편한 게 좋다는 착각   *019*

몸을 움직이기 전에 머리부터   *023*

패턴화된 행동과 뇌의 자동화   *027*

쓰지 않는 뇌에서는 욕구가 사라진다   *031*

잠들어 있는 욕구를 깨우다   *034*

늘 확신에 찬 사람이 되려면   *037*

뇌가 제 기능을 못 하고 있다는 8가지 신호   *041*

2장 첫걸음, 뇌를 알고 나를 알자 049

뇌의 사고 영역: 마음먹으면 곧장 행동하는 힘 050

뇌의 시각 영역: 같은 것도 다르게 보는 관찰력 055

뇌의 청각 영역: 모든 인간관계가 귀찮다고 느끼는 이유 060

뇌의 이해 영역: 왜 새로운 일에 적응하지 못하는가 066

뇌의 전달 영역: 내 생각인데 말로 표현이 안 되네? 072

뇌의 기억 영역: 만사가 부정적인 생각으로 흘러간다면 077

뇌의 감정 영역: 나도 모르는 내 마음 082

뇌의 운동 영역: 적은 에너지로 크게 움직이는 몸 만들기 088

칼럼 공격적인 캐릭터로 에너지를 생산한다 093

3장 잠자는 뇌를 깨우는 환경 만들기　　　095

뇌를 보면 미래가 보인다　　　096

뇌가 바꾸는 후천적 성격　　　098

각성 레벨을 높이면 머리가 맑아진다　　　102

애쓰지 않고 움직이는 가장 쉬운 방법　　　106

무기력을 이기는 올바른 수면　　　111

잠자는 시간이 아깝다는 생각은 위험하다　　　116

흥분과 의욕을 구분하라　　　119

질투를 날려버리는 사람의 생각법　　　124

칼럼 '나도 나를 모르는' 사람들의 대표적 유형　　　129

4장 매일 활력이 솟는 8가지 두뇌 습관　　131

나이 들면 창의력이 떨어진다는 오해　　132

콘텐츠 시청은 큰 도움이 안 된다　　135

일상에서 행동력을 키우는 요령　　139

인풋을 늘리는 지름길　　143

타인에게 전염되라　　148

이야기에 힘이 실리는 3가지 기술　　153

뇌 기능을 분산시키는 이중 나선 사고　　158

사고가 자주 정지된다면, 정리하는 습관　　163

칼럼 후발주자가 되지 마라　　168

5장 뇌의 과부하를 해소하는 신체의 비밀　　171

뇌 에너지는 신체를 통해 발현된다　　172

빨리 걷기만 해도 나른한 일상이 달라진다　　175

몸의 근육들에 독립성을 부여하라 178
산소 효율을 높이면 몸동작이 가벼워진다 182
불필요한 힘을 줄이는 중심 잡기 184
뇌의 리듬을 유지하는 호흡법 187
칼럼 복압은 두뇌 활동을 느리게 한다 190

6장 10년 젊어지는 뇌 관리법 193

대화를 통해 생성되는 에너지 194
얼굴을 보면 행동을 읽을 수 있다 199
고립보다 교류가 나를 지키는 길 202
자신감이 생기는 자기 표현법 207
뇌는 실제 나이보다 10년은 젊다 212
칼럼 어른이 된 후 내향적으로 바뀌었다면 216

나가며 219

1장
무기력은
내 탓이 아니라
뇌 탓

편한 게 좋다는 착각

| 늘 의욕 넘치는 사람의 동력 |

번뜩이는 아이디어도 없고 행동도 느리다.

남들과 말 섞기도 귀찮고, 쉬는 날에는 잠만 쿨쿨······.

의욕 없이 날짜만 넘기는 사람에게 늘 활력 넘치는 사람은 선망의 대상이다. 활력과 의욕을 태어날 때부터 타고나는 성향으로 생각한다면 천만의 말씀. 언제나 밝고 에너지 넘치는 사람은 무기력하게 축 늘어져 있는 당신과 뇌의 작용이 다를 뿐이다.

활력 넘치는 사람은 의욕을 샘솟게 하는 뇌를 갖고 있다. 그런 뇌를 만들어주는 것이 이 책의 목적이다. 예를 들면, 돈을 불러들이는 사람은 대체로 활달하다. 그들은 대개 결단력이 있고 호기심이 많고 발걸음이 가볍다. 자기 나름의 소신이 있어 하고자 하는 바가 뚜렷해 실패할 때마다 일일이 머리 싸매고 끙끙댈 시간이 없기 때문이다. 일본 최대 온라인 쇼핑몰 조조타운의 설립자 마에자와 유사쿠와 전 라이브도어 CEO 호리에 다카후미 같은 사람이 대표적인 유형에 해당한다. 유명인사나 부자가 아니더라도 직장 동료나 지인 중에 이런 성향의 사람이 꽤 있다.

| 지치지 않는 뇌의 선순환 |

그런 사람들은 어떻게 항상 의욕적일 수 있을까? 어째서 에너지가 끊임없이 샘솟는 것일까? 이들의 동력은 '쉬지 않고 활동하는 뇌'에 있다. 뇌가 끊임없이 움직이려면 어떤 일의 다음 단계로 나아가거나 새로운 경험이 제공되어야 한다. 한마디로 의욕이 활활 타오르고 있을 때 불씨가 꺼지지 않도록 장작 하나를 더 집어넣어주는 것이다.

특히 좋아하는 일을 할 때 뇌는 가장 활발하게 작동한다. 활동적인 사람 대부분은 무의식적으로 좋아하는 일을 찾아다닌다. 또한 뇌는 늘 성장을 갈망하므로 새로운 자극을 찾고 변화를 즐긴다. 이런 뇌의 욕구를 알고 만족시켜줄 수 있는 사람은 자연스레 의욕 넘치고 활동적으로 바뀐다. 마지막으로 자기 자신을 아끼고 사랑하지 않고는 에너지 충만한 삶을 살 수 없다. 무엇보다 스스로에게 관심을 갖고 자기 자신을 돌보는 일이 무기력한 일상에서 벗어나는 첫 번째 단계다.

| 똑같은 패턴 깨부수기 |

평소 의욕이 없고 행동력이 약한 사람이 어느 날 갑자기 활발하게 움직이기 어렵다. 뇌가 움직일 수 있는 최소한의 에너지만 반복해 쓰고 있는 상태이기 때문에 의식적인 행동

없이는 그 패턴에서 벗어나지 못한다. 이것이 무기력한 사람이 대부분 매너리즘에 빠져 있는 이유다. 매너리즘은 인간이 가장 안정감을 느끼게 만드는 상태이면서도 뇌의 성장을 저하시키는 독이다. 하지만 뇌가 어떻게 조직되고 작동되는지 제대로 알면 늘 하던 방식에서 벗어나는 방법 또한 배울 수 있다. 지루한 일상을 기대와 설렘으로 채우는 것은 그렇게 어려운 일이 아니다.

몸을 움직이기 전에 머리부터

|활발한 뇌세포 네트워크 구축|

조금 지루한 내용일 수도 있겠지만, 뇌에 관해 이론적인 설명을 간단히 하고 넘어가려고 한다.

뇌는 각 영역마다 담당하는 기능이 다르다. 예를 들면, 눈으로 받아들인 정보를 흡수하는 영역이 있고, 몸을 움직이는 영역이 있는가 하면 생각하고 판단하는 기능을 담당하는 영역 등이 따로 있다(각 영역에 관해서는 41쪽 참조).

각 영역에는 수많은 신경세포가 존재한다. 우리가 무언

가를 경험할 때 서로 다른 영역에 있는 신경세포들은 신경섬유로 이루어진 복잡한 네트워크를 통해 정보를 주고받는다. 따라서 신경세포 간 정보를 빈번하게 주고받을수록 네트워크를 구성하고 있는 신경섬유의 수 또한 늘어난다. 그러면 뇌 영역 간 연결성이 강화되어 마치 기름칠을 한 듯 행동이 유연해진다. 쉽게 말해, 발을 움직이는 운동 영역과 생각을 하게 만드는 사고 영역이 서로 정보를 활발히 주고받을 때 행동 속도가 눈에 띄게 빨라진다.

MRI로 뇌를 찍어 보면 신경섬유 다발이 가지처럼 뻗어나간 모양이 선명하게 나타난다. 이것을 보면 '활동적으로 생기 넘치는 삶을 사는 사람'인지 '의욕 없이 흐물흐물하게

MRI의 일종으로 대뇌 피질의 특성을 측정하는 기법인 확산텐서영상(Diffusion Tensor Imaging, DTI)으로 촬영한 뇌 신경 통로 이미지(Thomas Schultz/wikipedia)

지내는 사람'인지 바로 구별할 수 있다. 지금까지 남녀노소 불문하고 1만 명 이상의 뇌를 관찰한 결과, 무기력한 사람은 공통적으로 신경세포 간 신경섬유 다발들이 뻗어나간 모양이 상당히 얇고 힘이 없다.

| 쓸수록 자라는 뇌 |

신경섬유의 모양은 뇌를 얼마나 사용하는지에 따라 결정된다. 뇌에서 각 영역의 경험치가 높을수록 서로 많은 정보를 교류할 수 있고, 거꾸로 경험치가 낮은 영역이 많을수록 정보가 넘나들기 힘들다. 그리고 정보의 왕래가 잦을수록 신경섬유 다발이 크고 굵어진다. 이러한 신경섬유의 발달 정도가 그 사람의 성격과 행동력, 회복 탄력성, 소통 능력, 창의성 등 모든 부분에 영향을 끼친다.

뇌의 경험치가 높다는 말은 그만큼 뇌를 많이 사용한다는 뜻이다. 그렇다면 나이가 많을수록 유리할 것 같지만, 유감스럽게도 뇌의 성장이 단순히 시간과 비례하지는 않는다. 평소 행동 습관이나 욕구에 따라 뇌에서 자주 사용하는 영역과 방치하는 영역이 생기기 때문이다. 나면서부터 생기는 유전에 의한 차이도 일부 존재하지만, 기본적으로 자주 사용하는 뇌 영역은 빠르게 발달하고 사용하지 않는 영역은 느리게 발달한다. 그래서 활동적인 사람은 신경섬유다발이 전체적으로 튼튼하게 뻗어나가는 반면, 무기력한 사람은 미숙한 뇌 영역이 늘어난다.

즉, 뇌가 전반적으로 발달하지 못했다는 것은 자기만의 개성이 없다는 말과도 통한다. 그러나 발달하지 못한 영역에 자극을 주어 발달시키면 누구나 에너자이저가 될 수 있다.

패턴화된 행동과 뇌의 자동화

| 낯설고 새로운 것을 즐겨라 |

의지가 약한 사람은 뇌에 입력되는 정보량이 적어서 좀처럼 뇌 속 네트워크가 성장하지 못했다. 그렇다고 해서 계속 이대로 살아야 하나 걱정할 필요 없다. 초등학생도 할 수 있는 매우 간단한 트레이닝과 생활습관 개선만으로 당신이 10세든, 30세든, 50세든 의욕 충만한 삶을 살 가능성은 충분하다.

운동을 싫어하는 사람도 뇌 구조와 뇌 발달의 메커니즘

을 이해하고 나면 몸을 움직이는 것에 대한 저항이 줄어든다. 미숙한 뇌일수록 발달할 수 있는 여지가 크다. 첫 출근, 혼자 떠나는 첫 여행, 첫사랑 등 처음 해보는 게 많을수록 사소한 일에 두근거리고 설레고 신선하게 느껴지지 않겠는가. 물론 이런 처음 하는 크고 작은 경험들은 뇌에서 일정한 패턴으로 정착되기 전이므로 기억하고 저장하는 데 많은 에너지를 필요로 한다. 구태여 불필요한 에너지를 많이 쓰는 것이 비효율적이라고 생각할 수도 있다. 하지만 그런 비효율이 바로 뇌를 성장시키는 동력이다.

| 최대 효율은 뇌의 적 |

살면서 처음 접하는 경험이 갈수록 줄어든다. 그러다가 일정 시기 이후부터는 지금까지 살아온 경험을 통해 쌓은 지식과 연륜으로 대부분의 상황에 대처할 수 있고 날마다 똑같은 방식으로 생활해도 어려움이 없다. 이렇게 패턴화된 행동이 뇌의 자동화를 불러와 새로운 경험에 대한 욕구를 감소시킨다. 뇌의 자동화가 이루어지면 패턴화한 행동을 최소한의 에너지로 수월하게 할 수 있는 가장 짧은 경로가 생성된다.

예를 들어 우리는 유아기에 젓가락 사용법을 익힌다. 처음에는 음식을 제대로 집지도 못하지만 날마다 사용하다 보면 자다가 일어나서도 아무렇지 않게 젓가락질을 할 수 있다. 이게 바로 뇌의 자동화다. 뇌가 자동으로 행동을 지시하고 반복적으로 움직이다 보면 최소의 에너지로 최대의 효율을 올릴 수 있다.

뇌의 특징을 간단히 정리하면 다음 두 가지로 집약된다.

- 뇌는 성장하기 위해 새로운 자극이나 경험이 필요하다.
- 패턴화한 행동은 효율을 극대화한다.

이 둘이 서로 반대되는 개념은 아니지만, 새로운 자극이나 경험은 의식적으로 행동하지 않으면 얻을 수 없는 한편, 패턴화한 행동은 내버려두어도 저절로 효율을 높여준다.

생활 대부분이 뇌에서 자동화되면 익숙하고 편한 일상이

새로운 자극을 원하는 뇌의 욕구를 묵살해버린다. 그대로 방치하면 점차 새로운 것에 도전하기를 거부하는 뇌가 되어간다.

쓰지 않는 뇌에서는 욕구가 사라진다

| 욕구가 샘솟는 환경 |

젊을 때는 취학이나 취업, 결혼, 출산, 육아, 자녀 교육 등 처음 겪는 굵직한 이벤트가 이따금씩 주어진다. 그래서 누구든 새로운 경험을 애써 갈구하지 않아도 뇌가 욕구를 환기하기 쉬운 환경에 놓여 있다.

이를테면 오래된 연인 사이에 권태기가 찾아오면 많은 경우 '우리 결혼하든지 아니면 헤어지는 게 좋지 않을까?'라는 생각을 하게 된다. 이것은 신선한 자극을 갈구하는 뇌에서 벌이는 일일 뿐 애정의 변화와는 별개의 문제다. 처음에는 모든 만남이 설렘과 기대로 가득하지만 시간이 흐르면서 점차 식상하고 진부한 일이 되어 익숙하고 편한 사이로 변해버린다. '오늘 데이트는 뭘 하면서 보내지?' '자주 연락하기 귀찮아.' '어제 만났는데 오늘 또 만나야 하나…?'라는 생각이 머릿속에 똬리를 튼다.

권태감이 스멀스멀 기어오르는 이유는 더 이상 관계에서 양쪽 모두 새로운 자극을 받지 못하기 때문이다. 그러다 보면 '이만 헤어질까?' 혹은 오래된 연인의 경우 '결혼을 하면 달라질까?' 하며 새로운 국면을 맞이하고자 한다.

| 나이 들수록 삶이 재미없는 이유 |

그러나 나이를 먹을수록 이러한 뇌의 활동이 둔해진다. 매너리즘이나 권태감을 극복하려는 의지마저 사라지는 것이다. 바깥 활동을 즐기지 않는 사람은 외출에 흥미를 못 느끼고 책이나 영화도 관심을 한번 끊으면 다시 볼 의지가 생기지 않는다. 30대 후반으로 접어들면서 사용하지 않는 뇌 영역은 노화의 영향을 받기 쉽다.

우리 뇌의 대사 작용은 다음과 같은 단계를 거친다.

> 호흡할 때 들이마시는 산소가 뇌의 모세혈관으로 이동

> 모세혈관에서 공급받은 산소로 뇌의 신경세포가 활성화

> 산소를 소모해 저산소 상태가 되면
> 뇌의 신경세포에 새로운 산소 공급

신경세포가 활동하지 않고 줄곧 휴지기 상태를 유지하면 모세혈관으로 산소를 운반할 필요성을 못 느낀다. 신경세포는 산소와 포도당이 없으면 사멸해버리므로, 쓰지 않는 뇌 영역은 혈액이 잘 돌지 않고 성장도 둔해진다. 결국 그 영역에서 자극에 대한 욕구는 점점 사라진다.

잠들어 있는
욕구를 깨우다

| 의욕이 없으면 욕구도 닫혀 있다 |

'애초에 그쪽으로는 머리를 쓴 적이 없으니까 욕구가 없는 게 당연한 것 아니야? 그게 뭐 어때서.'라고 생각하는 사람도 있을 것이다. 어쩌면 지금까지 흥미를 느낄 계기가 없었거나 아침에 눈 떠서 잠들기까지 모든 것이 자동화된 생활 속에서 무의식적으로 욕구를 포기해버렸을지도 모른다. 의지가 약한 사람은 내면의 욕구마저 닫혀 있을 가능성이 크다. 잠자고 있는 욕구를 알아차리지 못한 채 살며 인생

을 무의미하게 보낼 것인가, 아니면 원하는 바를 충족시키고 삶을 재미있게 살 것인가? 잠자고 있는 욕구에서 자신의 잠재능력을 발견할 수도 있다. 그 순간 당신의 미래는 지금의 삶과 완전히 달라지고 하루하루 느끼는 감정의 질이 올라갈 것이다.

몸은 늙어도 뇌는 늙지 않는다

뇌는 한계가 없다는 말이 있다. 뇌 속 네트워크는 뇌를 사용하는 한 죽을 때까지 성장한다. 아무리 나이가 많은 사람이라도 얼마든지 뇌를 단련할 수 있다. 다만 나이를 먹을수록 사용하지 않은 뇌 영역은 더 빠르게 노화한다. 40대까지는 뇌를 쓰지 않아도 성장만 멈출 뿐 기능이 어느 정도 유지된다. 하지만 그 이후부터는 쓰지 않는 곳은 녹슨다. 나이가 들어서도 오래도록 뇌 기능을 활발하게 유지하려면 평소에 가능한 한 많은 것을 보고 듣는 게 좋다. 100세 시대를 살다 보면 줄곧 재미를 느끼던 일에도 염증을 느낄 때가 이따금 찾아올 것이다. 그때 새로운 욕구가 생기거나 다른 흥미가 솟게 할 수 있다면 뇌의 활성 상태를 높은 수준으로 유지하는 데 도움이 될 것이다.

늘 확신에 찬 사람이 되려면

| 익숙하고 편한 상태가 되지 않도록 |

무슨 일을 하건 매너리즘에 빠지면 새로운 경험 없이 같은 아웃풋(output)을 반복하거나 알고 있는 지식만 쏟아내게 된다. 업무에서도 베테랑일수록 한 가지 패턴에 갇히거나 지속적인 발전을 기하는 노력에 교묘하게 손을 떼기도 한다. 자신이 늘 움직이는 반경 안에서 가장 위험률이 낮고 쉬운 방법을 선택함으로써 나타나는 결과다.

아이디어가 고갈되거나 믿기 힘든 실수를 저질렀을 때는

'요즘 너무 편하게 지냈나?' '아무 생각 없이 일하고 있나?' 하고 스스로를 점검하는 시간을 가져야 한다. 개중에는 "나는 몇 년 동안이나 변함없이 착실하게 일하고 있거든요."라고 억울해하는 사람이 있다. 사실 이것은 자랑할 일이 아니다. 같은 일을 꾸준히 반복하기만 하면 뇌는 쇠퇴한다. 단순히 게으름 피우지 않고 열심히 땀 흘리는 것만이 뇌에 좋은 일은 아니다.

정체되어 있는 뇌 기능을 향상시킬 수 있는 아주 기본적인 방법을 소개하겠다. 패턴화된 상태에서 무언가를 더하거나 빼서 자신에게 새로운 과제를 부여하거나, 극복해야 할 크고 작은 고난을 맞닥뜨리도록 상황을 설계해보자. 어차피 해야 하는 일에 현재 가진 지식이나 기술만으로는 완벽히 수행할 수 없는 정도면 적당하다. 이것이 업무 내용에 관계없이 매너리즘에 빠지지 않도록 예비 장치의 역할을 한다.

새로운 정보를 탐색하는 습관

우리는 체험을 통해 얻은 정보의 질이 높을수록 자신감 있고 확신에 찬 행동을 하게 된다. A 씨와 B 씨가 재판 중인 상황을 가정해보자. A 씨는 진실을 말하고 B 씨는 거짓을 말한다고 할 때, 제삼자가 참과 거짓을 가리기 위해 어떤 수단을 써야 효과적일까? 대부분의 경우 시간이 지날수록 정보량도 함께 늘어나므로 새로운 정보가 계속 더해지는 쪽이 참을 말한다고 본다. 반면 거짓을 말하는 쪽의 정보는 상대적으로 멈추어 있다. 진실을 말하는 쪽에서는 점점 더 자기주장을 뒷받침할 근거를 내놓을 기회가 생기지만, 거짓말을 하는 쪽에서는 더 나올 정보가 없어 머지않아 소진되고 만다(만일 거짓 정보를 늘린다고 해도 말의 앞뒤가 안 맞는 지점이 반드시 생긴다).

이 과정은 오랜 시간 정보를 갱신하지 못하는 사람에게도 똑같이 적용된다. 10년 전에 입력한 정보를 업데이트하지 않고 유지하기만 하면 아무리 열심히 살아온 사람도 언젠가 뒤처지거나 낙오된다. 현재에 충실한 사람은 자기가 가진 감각과 실력이 타인의 평가와 일치하는지 점검하면서 행동한다. 그 과정에는 새로운 정보와 경험치 증가가 필수이다. 이 과정을 반복하다 타인을 넘어설 때 비로소 타인이 생각하지 못하는 자기만의 기준과 능력을 갖게 된다.

뇌가 제 기능을 못 하고 있다는 8가지 신호

뇌 기능을 향상시키기 위한 구체적 방법을 뇌의 기능에 따라 분류한 각 영역별로 해설하겠다. 앞에서 사람의 행동 패턴이나 욕구에 따라 성장하기 쉬운 뇌 영역과 그렇지 않은 영역이 있다고 말했다. 의욕이 솟아나지 않는 이유는 뇌의 어딘가에 발달하지 못한 영역이 의욕 생성을 가로막고 있어서다. 자기에게 어떤 점이 부족한지 알면 발달이 덜 된 영역을 찾아내기 쉽다. 앞에서 말했듯이 좌뇌와 우뇌를 합해 모두 120개 구역으로 쪼갤 수 있는데, 그중에서도 평소 우리 행동에 특히 강하게 영향을 미치는 주요 기능으로 묶으면 다음의 8개 영역으로 구분할 수 있다. 각 영역은 좌뇌와 우뇌에 하나씩 있다.

- 사고 영역
- 시각 영역
- 청각 영역
- 이해 영역
- 전달 영역
- 기억 영역
- 감정 영역
- 운동 영역

영역별로 우뇌와 좌뇌의 작용이 약간 다르다. 아래에 의지가 약한 사람에게서 대부분 공통적으로 발견되는 취약한 부분을 체크리스트로 정리해놓았으니 어떤 뇌 영역에 관한 것인지 참고하기 바란다.

☑ 조금만 생각해도 사고가 정지되고 결정을 쉽게 내리

지 못한다.

···▶ 사고 영역(50쪽)

뇌의 사고 영역은 의사결정의 사령탑이다. 인풋(input)을 담당하는 뇌 뒤쪽에 필요한 정보를 가져오게 하고 어떤 행동을 취해야 하는지 검토한 후 아웃풋을 담당하는 뇌 앞쪽에 실행 명령을 내린다. 자기 의지대로 움직이기 어려운 이유는 사고 영역의 작동이 둔하기 때문이다. 좌뇌는 주로 명확한 답이 필요할 때, 우뇌는 답이 정해져 있지 않은 내용을 사고할 때 작동한다.

☑ 흥미로운 일이 적고 분위기 파악이 어렵다.

···▶ 시각 영역(55쪽)

뇌의 시각 영역은 보는 행위를 통해 정보를 수집하는데, 눈으로 읽어들인 정보를 다른 영역으로 보낸다. 일반적으로 좌뇌에서는 문자 정보를 읽고 우뇌에서는 이미지나 영상을 읽는다. 이 영역이 약하면 시각 정보 대부분을 무시해 버리기 때문에 인풋되는 정보의 질이 떨어진다. 그래서 주위를 보면서도 배려하지 못하거나 흥미를 느끼는 범위가 좁아지기도 한다.

- ✅ 모든 인간관계가 귀찮고 다른 사람의 말에 집중을 못 한다.

  ⋯▸ 청각 영역(60쪽)

  뇌의 청각 영역은 듣는 행위를 통해 정보를 수집하는데, 귀로 들은 정보를 다른 영역으로 보낸다. 이 영역이 약하면 정보를 듣는 능력이 부족하다. 청각 정보를 정확하게 흡수하기 어렵고 상대의 목소리를 통해 전해지는 미묘한 어감 차이를 구별하지 못한다.

- ✅ 고집이 세고 새로운 일에 적응하기 어렵다.

  ⋯▸ 이해 영역(66쪽)

  뇌의 이해 영역은 시각 혹은 청각 영역으로부터 들어온 정보를 이해하고 추측하며 해석한다. 이해 영역이 약하면 외부에서 들어오는 정보를 정리 혹은 통합하지 못하고 상황 파악이 어렵다. 그래서 현재에 안주하기 좋아하고 앞을 내다보며 행동하지 못한다.

✅ 내 생각을 명확하게 말로 표현하여 전달하기 어렵다.
⋯▶ 전달 영역(72쪽)

뇌의 전달 영역은 사고 영역에서 내린 지령에 따라 적절한 소통을 꾀한다. 전달 방법에는 대화나 문자 등의 언어 수단과 그림이나 신호 등의 비언어적 수단이 있다. 전달 영역이 약하면 자신의 체험이나 생각을 대화에 녹여내지 못해 주위로부터 공감을 얻기 어렵다.

✅ 만사를 부정적으로 생각하고, 생각이 흐릿하다
⋯▶ 기억 영역(77쪽)

뇌의 기억 영역의 중추는 주로 단기 기억을 주관하는 해마와 그 주변부로 구성된다. 뇌에 새로운 정보를 축적하거나 기존에 축적된 기억을 불러와서 사고 혹은 감정 영역 등 다른 7개 영역에 제공한다. 기억 영역이 약하면 저장된 정보를 기억하고 떠올리는 작업이 둔하며 건망증이 심하다. 또한 과거에 집착하다 현재의 행동에 제동을 걸기 쉽다.

✅ 내 마음을 나도 모르겠고 충동적으로 행동하곤 한다.

⋯▶ 감정 영역(82쪽)

뇌의 감정 영역은 타인의 감정을 파악하거나 자기 내면의 감정을 불러낸다. 우뇌에서는 주로 유쾌함과 불쾌감 같은 자극, 현장에 감도는 분위기, 타인에 대한 좋지도 싫지도 않은 애매한 감정 등을 접수한다. 좌뇌에서는 주로 좋다 싫다와 같이 명확하게 표현할 수 있는 분명한 감정을 불러일으킨다.

감정 영역이 약하면 자기 뜻대로 진행되지 않을 때 다른 사람의 감정을 무시하기 쉽고, 자기 마음을 본인도 몰라서 일방적으로 피해망상에 빠지기도 하며, 감정을 조절하지 못하고 함부로 표출하는 나쁜 습관의 노예가 된다.

☑ 일의 시동이 늦게 걸리고 진행 속도가 느려 효율성이 낮다.

⋯▶ 운동 영역(88쪽)

뇌의 운동 영역은 사고 영역에서 내리는 지령에 따라 실제로 몸을 움직인다. 이 영역 안에서는 손, 발, 눈, 입 등을 움직이는 부위가 세분화되어 있다. 운동 영역이 약하면 신체의 각 부위를 의지대로 움직이기 위해 필요 이상으로 에너지를 써야 한다. 이 때문에 뇌가 기능하는 데 필요한 에너지를 허비하게 된다.

기능별 8가지 뇌 영역의 위치

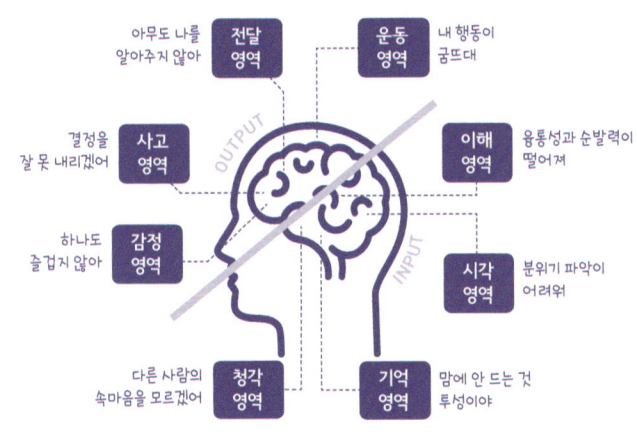

뇌의 앞부분 ⇒ 주로 행동을 촉구한다
뇌의 뒷부분 ⇒ 주로 정보를 수집한다

위 8가지 뇌 영역이 꼭 독립적으로 움직이는 것은 아니다. 일에 따라 하나의 작업을 수행하는 데 필요한 여러 영역이 서로 도움을 주고받으며 기능하는 경우가 많다. 그래서 극단적으로 보면, 능력이 떨어지는 뇌 영역이 하나라도 있을 경우 그로 인해 전체가 영향을 받아 뇌가 전반적으로 제 기능을 발휘하지 못한다. 가능하다면 약한 영역을 의식적으로라도 성장시키는 게 좋다. 다음 장부터는 각 뇌 영역에 관해 설명하고 기능을 개선할 수 있는 효과적인 트레이닝 방법을 소개하겠다.

2장
첫걸음, 뇌를 알고 나를 알자

뇌의 사고 영역
마음먹으면 곧장 행동하는 힘

| 뇌의 사령탑 |

의지가 약한 사람 대부분은 할 일을 미루는 경향이 있다. 지금 당장 움직일 의욕은 없지만 '언젠가는 하겠지.'라는 생각으로 막연한 미래의 가능성에 기댄다. 해야 할 시기를 정하지 못하고 할지 안 할지조차 결정하지 못하는 소위 '결정하려는 의지가 딱히 없어 보이는 사람'은 대체로 뇌의 사고 영역이 약하다. 이에 반해 어느 기업 대표로서 눈부신 경영 실력을 보여주는 '생각을 곧바로 행동으로 옮기는' 타

입의 사람은 사고 영역이 매우 발달했다.

  본인의 의지대로 행동할 수 있으려면 우선 뇌의 사고 영역을 단련해야 한다. 이 영역은 우선순위를 판단하거나 무언가를 선택해 언제까지 완수해야겠다는 계획을 수립하는 고차원적인 일을 한다. 사고 영역은 인풋을 담당하는 영역(시각, 청각, 이해, 기억, 감정)에 정보를 얻어 오도록 명령하고 아웃풋을 담당하는 영역(전달, 운동, 감정)에는 실행하도록 명령한다. 예를 들면, '요즘 인기 있는 운동 리스트를 가져올 것 → (검토) → 주짓수를 배울 것'이라는 식으로, 정보 수집부터 집행까지 진두지휘하는 '뇌의 사령탑'이다.

| 실행 명령을 내리는 훈련 |

뇌의 사고 영역은 생각하는 게 일의 전부다. 사람들은 흔히 사고 기능이 기능이 뛰어난 사람은 머리가 좋을 것(시험 성적이 좋거나 작업 능률이 높은 사람)이라고 생각한다. 물론 사고 기능과 전체 두뇌 기능이 겹치는 부분도 많지만, 완전히 일치하는 것은 아니다.

일반적으로 머리가 좋은 사람은 사고 기능에 능하기는 하다. 사고 영역이 발달한 사람은 일이 어떤 식으로 진행되는지 예측하거나 추리하기를 좋아해서 관심 있는 화제라면 시간 가는 줄 모르고 논의에 심취하는 집중력도 갖고 있다. 다만 그것이 무조건 행동으로 이어진다고 보기는 어렵다. 무언가를 결정한다는 것은 나머지를 포기하는 일이기 때문이다. 사고하는 데는 탁월한 지적 수준을 갖추었다 해도, 한발 더 나아가 생각한 바를 '당장 실행해!'라고 명령을 내리기까지는 별도의 훈련이 필요하다.

| 의욕도 지나치면 탈이 난다 |

사고 영역에서도 우뇌는 '답이 명확하게 정해지지 않은 문제'를, 좌뇌는 '답이 명확한 문제'를 생각한다. 우뇌의 사고 영역은 생각하려는 의지를 만들고 좌뇌의 사고 영역은 구체적으로 실행하도록 명령한다. 우뇌와 좌뇌의 사고 영역은 서로 연락을 주고받으면서 진취적인 의욕 에너지를 마구 쏟아낸다. 그러므로 우뇌의 사고 영역만 지나치게 강하면 (실제로 이 때문에 괴로워하는 경우가 많다) 의욕 에너지만 무턱대고 방출하게 된다. 몸은 진이 빠지도록 일했는데 만족스러운 성과가 나오지 않거나, 지시하는 내용이 두루뭉술해서 상대에게 제대로 전달되지 못한다. 한마디로 의욕만 넘치고 제대로 된 결과를 내지 못하는 사람을 말한다. 반대로 좌뇌의 사고 영역만 터무니없이 강하면 논리적인 사고나 이론만 폭주해 균형 잡힌 판단을 내리기 어려울 수 있다.

뇌 운동법 사고 영역을 발달시키는 훈련

매일 마시던 커피 2주 동안 끊어보기

나른한 일상에서 탈출하려면 평상시의 모습을 벗어던질 필요가 있다. '낯선 상황을 견딜 수 있을까?'라는 불안에 사로잡힐 정도로 뇌에 부하를 일으켜야 한다. 매일 커피를 하루에 한두 잔 마시는 사람이라면 2주 동안 커피를 멀리해보자. 처음에는 커피를 마시고 싶은 욕구를 느끼지만 어느 순간 무덤덤해진다. 그리고 커피 대신 홍차나 다른 음료에 흥미를 보이기 시작한다.

한 달 동안 다른 사람의 행동 모방하기
타인 따라하기 훈련은 자기주장이 약한 사람에게 효과적이다. 다른 사람을 모방하다 보면 '나라면 이렇게 할 텐데. 내 감각이 더 나은 것 같아.'라는 자기만의 확신을 갖고 판단하거나 아이디어가 쉽게 떠오르게 된다. 평소 남들한테 맞추기만 하는 사람은 억지로라도 주체적으로 행동하는 사람을 따라하려고 애써야 한다. 오로지 자기만의 판단으로 움직이는 연습을 하기 위해서다.

뇌의 시각 영역
같은 것도 다르게 보는 관찰력

| 분위기를 읽는 눈 |

무기력한 사람과 활동적인 사람의 뇌는 시각 영역에 극명한 차이가 있다. 뇌의 시각 영역은 눈으로 들어온 시각 정보를 인지하고 처리하는 일을 한다. 우리가 받아들이는 경험의 대부분은 보고 들은 정보로 구성되어 있다. 그래서 보고 들은 것을 잘 설명할 수 있는 사람은 그만큼 시각 영역과 청각 영역이 정보를 받아들이고 처리하는 능력이 뛰어나다는 의미다.

말이나 노래 등 들은 내용을 언어로 바꾸는 일은 비교적 간단하다. 이미 음성화된 정보이므로 입력된 대로 출력하면 된다. 즉, 들리는 소리 그대로 재생이 가능하므로 비언어에서 언어로의 정보 변환이 일어나지 않는다. 한편, 문자가 아닌 영상을 '보는' 경우에는 비언어를 언어로 변환하는 과정을 반드시 거쳐야 한다.

이때 같은 것을 본다 해도 뇌의 시작 영역에 늘 같은 정보가 입력되지는 않는다. 얼마나 자세하게 보는지, 어느 정도 범위를 보는지, 어디에 주목하는지에 따라 사람마다 입력되는 정보의 양과 질이 달라진다(참고로 우뇌 쪽 시각 영역은 영상이나 화상 같은 비언어적 맥락을 파악하는 것을, 좌뇌 쪽 시각 영역은 글자 같은 언어적 정보를 읽어 들이는 것을 담당한다.).

시각 영역이 발달한 사람은 상황을 세밀하고 정확하게 파악한다. 그래서 주위 사람을 잘 챙기고 그때그때 상황에 걸맞은 행동을 취한다. 반대로 시각 영역이 덜 발달한 사람은 주변을 잘 살피지 못해 상황에 적합하지 않은 발언이나 행동을 일삼게 된다. 시각 정보를 모호하게 흡수하기 쉽고, 그것을 쉽게 표현하기 위해 실제 이미지를 왜곡하는 우를

범하는 것이다. 따라서 평소 분위기를 읽지 못한다면 시각 영역이 덜 발달되었다는 증거다(분위기 파악을 위해서는 직접 본 것을 이해 영역이나 감정 영역을 이용해 해석하는 능력도 필요하다).

| 보는 힘이 강할수록 사고가 명확해진다 |

뇌의 시각 영역에서 받아들이는 정보의 질을 높이기 위해서는 자신이 처한 환경에 주체적으로 관여해야 한다.

평소에 넋을 놓는 시간이 많은 사람은 '집중해서 보기'에 힘써야 한다. 가령 무기력한 사람한테 앞에 서 있는 여성에 대해 보이는 대로 설명하라고 하면 "여성이 있습니다. 음…… 머리가 길어요. 그리고…… "라는 식으로 말할 것이다. 눈으로 보고 있지만 다양한 정보가 입력되지 않아 구체적으로 묘사하지 못한다. 반면 활동적인 사람은 "머리카락이 검고 어깨까지 내려오며 40대쯤으로 보이는 여성이 있습니다. 입 양쪽 끝에 얇은 주름이 있습니다. 마른 편이고 노란 셔츠를 입었습니다. 무표정한 얼굴로 무언가를 적고 있습니다." 등과 같이 정보를 술술 내보낸다.

보는 힘을 기르기 위해서는 평소에 경험한 일을 언어화하는 훈련을 해야 한다. 언어로 표현해야 한다고 의식하면 주위를 주의 깊게 보게 될 것이다. 그것만으로도 뇌의 시각 영역이 매우 활발해진다.

뇌 운동법 시각 영역을 발달시키는 훈련

하루에 한 장씩 멋진 사진 남기기
멋진 사진이라고 하면 막연하게 들리지만, 자신이 찍은 사진을 보고 '잘 나왔다' 혹은 '마음에 든다'고 여길 수 있으면 무엇을 찍든 상관없다. 멋진 사진을 찍겠다는 마음만 있으면 눈앞에서 벌어지는 광경을 집중해서 관찰하게 된다. 이런 마음가짐이 습관으로 바뀌면 집중력과 관찰력이 향상되어 뇌의 시각 영역이 강화된다.

타인과 일정 거리 유지하며 걷기

북적거리는 지하철역에서는 남들과 부딪히는 일이 잦다. 수많은 사람이 오가는 거리에서도 서로를 의식하고 피하지 않으면 가방이나 어깨가 닿는다. 걸을 때 주위를 똑바로 살피지 않으면 이런 일이 자주 일어난다. 반경 1미터 이내에 다른 사람이 들어오지 않도록 신경 쓰면서 걸어보자. 걷는 속도를 달리하거나 좀 더 트인 길을 골라 걸어보자. 이러한 조건을 일부러 설정해놓고 길을 걸으면 평소에 다니는 익숙한 길도 시각 영역 단련에 최적화된 훈련장이 된다.

뇌의 청각 영역
모든 인간관계가 귀찮다고 느끼는 이유

| 민감하게 듣는 힘 |

MRI를 찍어 보면 그 사람이 얼마나 다른 사람과 대화를 나누거나 교류하는지 한눈에 판별할 수 있다. 타인과 교류가 부족한 사람은 뇌의 청각 영역이 발달하지 못했다. 평소 말하는 양이 적으면 자신의 목소리건 다른 사람의 목소리건 음성 자체를 들을 기회가 없어 청각을 사용할 일도 그만큼 줄어든다. 그러다 보니 뇌에서 듣는 기능을 담당하는 부분이 점점 둔해지는 것이다.

반면 활동적인 사람은 자주 외출하거나 사람들과 교류하는 일이 잦다. 그래서 '듣는 행위'를 할 기회가 많아 뇌의 청각 영역이 상당히 발달한다. 결국 뇌의 청각 영역도 시각 영역처럼 얼마나 많은 경험을 했느냐로 결정된다.

뇌의 청각 영역은 커뮤니케이션을 통해 발달한다. 뇌에서 흡수하는 정보의 대부분은 가족이나 친구와의 대화에서 얻는다.

청각 영역이 잘 단련된 뇌는 상대의 말이 어딘가 어색한지 아닌지에 민감하게 반응한다. '왜 이런 말을 하는 거지?' '말은 이렇게 해도 속으로는 다른 말을 하고 싶은 게 아닐까?' 하며 상대방 말의 숨은 의도를 잘 꿰뚫어 본다. 그러나 평소에 대화량이 적으면 상대가 앞뒤 안 맞는 말을 해도 여간해서는 눈치 채지 못한다.

모든 사람은 지속적인 만남과 교류를 통해 가까워지고 서로를 알아간다. 친밀한 관계가 안정적으로 형성되면 상대의 미묘한 목소리 변화나 말투와 뉘앙스의 차이를 알아차릴 수 있다. 즉, 여러 차례의 경험으로 쌓은 정보를 종합하여 상대가 무슨 말을 하고 싶은지 쉽게 파악할 수 있다.

누군가와 공유하는 시간이 비교적 적은 혼자 사는 사람 혹은 평소에 이야기할 기회가 적은 사람은 청각 영역을 단련하기 위해 부단히 애써야 한다. 의식적으로 단련하지 않으면 뇌는 둔감해지고 간접적으로 드러나는 사소한 변화를 포착하지 못하게 된다.

듣고 있지만 들리지 않는 이유

듣고 있는 것처럼 보이지만 사실 전혀 듣고 있지 않는 사람이 종종 있다. 그런데 두 사람이 서로 대화를 나누는 상황에서는 상대가 자신의 이야기를 듣지 않는다는 사실을 눈치 채기 어렵다.

인간에게는 본디 시끌벅적한 길 한복판에 있어도 자기가 듣고 싶은 소리를 주워 담는 능력이 있다. 웅성거리는 카페 안에 있어도 친구가 이야기하는 목소리만 들을 수 있고, 길을 걸을 때 지나치는 수많은 가게에서 다양한 음악이 동시에 흘러나오지만 아는 곡이거나 좋아하는 곡이 유난히 귀에 들어온다(음성 언어는 좌뇌, 비언어적 소리는 우뇌에서 듣는다). 강연이 너무 지루하다며 집중하지 못하다가도 흥미로운 화제로 이야기가 바뀐 순간 뇌의 청각 영역이 반응해 의식이 또렷해진다. 뇌는 이렇게 많은 소리 가운데 원하는 사람의 이야기나 관심사만 골라 선택적으로 들을 수 있다. 이러한 효과를 '칵테일파티 효과'라고 한다.

하지만 뇌의 청각 영역이 둔화된 사람은 이렇듯 귀에 들어와야 할 소리나 음성이 허공에서 바람처럼 흩어져버린다. 대부분의 소리가 잡음처럼 들리며 귀에 명확하게 들어오지 않는다. "아까 주현 씨가 한 말 있잖아."라는 말을 듣고서 "주현 씨가 그런 말을 했어?" 하고 놀라는 사람이 있다. 자주 이런 일을 겪는 사람은 이야기를 귀 기울여 듣지 않는다기보다 뇌의 청각 기능이 약해져 있을 가능성이 크므로 훈련이 필요하다.

뇌 운동법) 청각 영역을 발달시키는 훈련

라디오에서 들은 내용을 소리 내어 따라하기

평소에 대화를 통해 들은 내용이 얼마나 머릿속에 남아 있는지 스스로 진단할 수 없다. 우리는 머릿속에 남아 있지 않은 정보를 확인할 방법이 없기 때문이다. 이럴 때는 라디오를 활용해보자. 라디오에서 나오는 소리를 녹음하면서 디제이가 하는 말을 따라하면 된다. 하루에 5~10분씩 섀도잉(듣고 따라 말하는 훈련법―옮긴이)을 꾸준히 반복하면 청각 영역의 경험치가 증가한다. 귀로 들은 내용을 정확하게 반복하는 힘이 생기면 상대의 이야기에 제대로 귀 기울이고, 메모를 하지 않고도 쉽게 기억할 수 있다. 무대 위에서 연극배우들이 긴 대사를 한 번도 틀리지 않고 말하는 것이 가능한 이유는 평소에 듣고 반복하는 연습을 게을리하지 않아 청각이 매우 예민하게 발달되었기 때문이다.

처음에는 문장이 길거나 익숙하지 않은 고유명사가 나오면 따라하기 힘들 수 있다. 하지만 반복하다 보면 습관화되어 한 번만 듣고도 정확하게 듣고 이해할 수 있는 뇌 회로가 만들어진다.

자막 없이 영어 콘텐츠 시청하기

평소에 영어로 된 콘텐츠와 친해지자. 한국어 자막으로 본 드라마나 영화를 자막 없이 다시 감상하면 효과적이다. 자막이 있으면 자막에 의존하여 영어가 귀에 들어오지 않는다. 하지만 자막 없이 보면 내용을 이해하기 위해 영어에 최대한 집중하게 된다. 영어 듣기 능력이 취약한 사람이라도 끈기 있게 듣다 보면 정확하지는 않아도 어렴풋이 줄거리를 파악할 수 있다. 오히려 영어에 자신이 없는 사람일수록 자극이 더 강하게 느껴지기 때문에 뇌를 빠르게 성장시킬 수 있다. 결국 듣고자 하는 의지가 뇌를 자극해 청각 영역을 활성화시킨다.

뇌의 이해 영역
왜 새로운 일에 적응하지 못하는가

| 낯선 것에 가까워지는 연습 |

평소 의욕 넘치는 사람은 생각이 유연해서 새로운 일에 저항하지 않는다. 오히려 의지가 약한 사람일수록 고집이 세고 쉽게 인정하지 않는다. 고집 센 사람이 자기 생각에 집착하는 이유는 생각을 바꾸면 뇌가 멈추기 때문이다. 이는 뇌의 이해 영역이 발달하지 않아서다.

이 영역은 눈(시각)과 귀(청각)를 통해 외부로부터 들어온 정보의 의미를 파악하고 해석하는 일을 한다. 그런데 이 기능이 약하면 그만큼 내용을 파악하는 데 에너지를 많이 써야 하므로 자신도 모르게 귀찮아진다. 고집 센 사람이 다른 사람의 생각에 저항하고 자신이 생각한 방식만을 고수하는 것은 그만큼 확신이 있어서라기보다 자기가 경험한 범위 내에서만 모든 것을 파악하려고 하기 때문이다. 이런 사람은 외부에서 새로운 정보가 들어와도 점점 더 이해하지 못하게 되고, 결국 스스로 뇌의 활동 범위를 좁히게 된다.

뇌의 이해 영역을 단련하고 싶다면, 먼저 손해 본다는 생각은 접고 지금 자신이 만족하는 습관과 정반대로 해보기를 권한다. 늘 업무 시간에 딱 맞춰 출근하다가 30분만 일찍 출근해도 머리가 상당히 유연해진다. 새로운 정보를 얻을 수 있기 때문이다. 업무 시작 20분 전에 회의를 하는 팀이 있다거나, 직원 대다수가 10분 전에 헐레벌떡 뛰어 들어온다거나, 나보다 더 일찍 와서 신문을 읽는 직원이 있다거나 같은 여러 정보를 알게 된다. 지금까지 몰랐던 사실을 새로 알게 되면 이해의 폭이 넓어지고 외부 정보에 조금씩 개방적인 태도를 가질 수 있다.

|다양한 경험이 유연한 사고를 만든다|

완고한 태도의 주된 원인은 경험과 정보의 부족이다. 지금까지 장 보는 일을 아내나 남편에게 항상 떠맡겼다면 이제부터 집 근처 마트에 가서 어떤 식품을 팔고 있는지 둘러보거나, 뉴스만 시청했다면 드라마를 한번 보는 식으로 평소 하지 않던 일을 시도해보자.

나는 열여덟 살 즈음부터 도서관이나 서점에 가면 평소 읽지 않는 분야의 책을 살펴봤다. 예를 들어, 정치사회 책은 관심 독자가 아니라면 대부분의 사람에게 생소하고 어렵다. 그러나 여러 책을 쭉 훑어보면 영향력 있는 저자가 누구인지, 어떤 단어가 자주 등장하는지 등이 눈에 들어오면서 관련 분야의 트렌드를 어렴풋이나마 파악할 수 있다. 그리고 표지 안쪽에 적힌 저자의 약력이나 소개글 등 주변의 정보를 종합하면 저자의 생각도 대략적으로 알 수 있다.

이처럼 어떤 일이건 행동 패턴을 조금만 바꿔도 뇌가 달라진다. 새로운 정보가 들어오고 그것을 해석하려는 과정에서 뇌의 이해 영역이 강화될 수 있다.

  뇌의 이해 영역은 단순히 텍스트를 해석하고 말의 의미를 알아차리는 것뿐 아니라 앞을 내다보는 힘이나 공간을 파악하는 능력과도 밀접하게 관련되어 있다. 하루 종일 사무실에 앉아서 근무하는 사람은 언제 어떤 일이 벌어질지 모르는 현장 근무자나 밖에서 다양한 사람을 만나는 영업사원보다 상황을 읽고 그에 맞춰 재빠르게 행동하는 능력이 떨어진다. 새로운 변화를 맞닥뜨리는 경우가 적어 임기응변에 서툴다. 자신이 융통성이나 순발력이 떨어지는 것 같다면 의식적으로 뇌의 이해 영역을 단련하는 것이 좋다.

뇌 운동법 이해 영역을 발달시키는 훈련

책상이나 식탁 위치 바꾸기

회사에서는 늘 사용하는 책상의 위치나 물건 배치가 오랜 기간 변하지 않고 그대로인 경우가 많다. 가끔 위치나 구조를 바꾸면 전보다 동선이 짧아지거나 기분 전환이 되어 능률이 오를 수 있다. 책상 위치를 바꾸면 그에 맞추어 다른 물건도 함께 재배치해야 한다. 이런 일련의 작업을 통해 공간에 대한 이해력이 향상된다.

세탁물을 널 때 공간이 부족했던 적 있는가? 이 역시 제한된 공간에 대한 이해력이 결여되었다는 증거이다. 세탁물의 양을 고려해 어디에 어떻게 널면 최대한 많이 널 수 있을지 배치를 생각하는 것만으로도 뇌를 단련할 수 있다.

사자성어의 뜻 찾기

새로운 어휘 공부는 좌뇌의 이해 영역을 강화하기에 좋다. 운외창천(運外蒼天, 열심히 노력해 난관을 극복하면 맑은 하늘을 볼 수 있다는 뜻). 감위매왕(敢爲邁往, 어려움이 있어도 목적을 달성하기 위해 굳은 마음으로 매진한다는 뜻). 평소에 쓸 일은 거의 없어도 하루에 하나씩 수첩에 적으면서 사자성어에 관한 지식을 늘려보자.

특히 비즈니스 현장에서 상대와 계약을 성사시키는 데 어려움을 겪는 사람에게 어휘 공부를 추천한다. 지혜롭고 깊은 뜻이 담긴 말을 많이 알면 자신이 보고 있는 세계를 더욱 넓고 깊게 이해할 수 있다. 이는 타인과 원활한 교류를 맺고 소통하는 데에도 큰 도움이 된다.

뇌의 전달 영역
내 생각인데
말로 표현이 안 되네?

| 경험을 언어화하는 과정 |

상대와 대화할 때 우리는 보통 자신의 경험을 중심으로 이야기한다. 그래서 경험을 언어로 전달하는 능력은 사회에 나가 성공하거나 만족스러운 보수를 받을 수 있는 밑거름이 된다. 비즈니스 현장에서 고액 연봉자들 대부분이 뛰어난 언어 능력을 보이는 이유도 이 때문이다. 그러나 자신의 경험을 말하는 일이 부담스러운 사람도 많다. 그렇다면 뇌의 전달 영역이 약하다는 신호이다. 이 영역에서는 무엇을 어

떤 순서로 전할지 취사선택해 전후 사정을 알기 쉽게 이야기하도록 만든다.

소통은 언어를 매개로 한 정보 수집과 정보 전달이 중심이다. '안녕?'이라는 인사나 '뉴욕 증시가 하락했다'는 뉴스, '내일 비가 온대.'와 같은 누군가 발신한 정보가 이에 해당한다. 언어는 대부분 좌뇌가 관할하므로 일상 대화에서 오가는 두세 마디는 좌뇌만으로 처리할 수 있다.

그러나 실제로 겪은 경험이라는 '이미지'는 좌뇌와 우뇌 양쪽에서 처리한다. 좌뇌에서는 언어 정보를 처리하고 우뇌에서 비언어 정보를 처리하기 때문이다. 누군가에게 이미지를 전할 때 우뇌에 있는 정보를 좌뇌가 언어로 변환하는 과정을 거친다. 이 언어화가 제대로 진행되지 못하면 자기만의 언어로 소통하기 어렵다. 영상으로 전하면 되지 않느냐? 이미지는 언어화 과정을 거치지 않으면 정확하게 상대의 머릿속에 집어넣기 어렵다. 매번 영상을 준비하는 것도 비현실적이며 자기 머릿속에 있는 영상을 다른 사람에게 보이는 뇌 과학 기술이 아직 발달하지 못했지 않은가.

운동선수 출신의 해설가 가운데 큰 인기를 얻는 이들은

현역일 때 자신이 경험한 경기 상황이나 전략 등을 언어화해서 전달하는 능력이 뛰어나서이다.

| 좌뇌와 우뇌의 협업 |

전하고자 하는 내용이 지식이냐 경험이냐에 따라 전달 방식이 완전히 다르다. 누군가에게 들었거나 책을 읽어 습득한 지식은 이미 다른 누군가가 언어로 표현해놓은 것으로, 그것을 말하는 것은 단순히 재생 버튼을 누르는 것일 뿐이다.

하지만 자기 경험이나 생각은 공유하지 않는 이상 언어로 변환되기 전 단계에 머물러 있다. 이를 언어화하는 과정에는 두뇌를 풀가동해야 할 만큼 많은 에너지가 필요할 수 있다. 말로 표현하기 어려운 이미지도 있고, 좋은 생각도 막상 이야기해보면 앞뒤 논리가 맞지 않는 경우도 있다. 그래서 훈련이 필요하다.

"오늘 어떤 일이 있었는지 얘기해보세요."라고 요청받으면 어떻게 하겠는가? 사실을 전하고 그 사실에 대한 감상도

곁들여야 한다. "아침에 늦잠을 자는 바람에 대충 세수만 하고 정신없이 나왔어요. 가까스로 지각은 안 했는데 오전 내내 영혼이 나가 있었어요."라는 식으로 말하는 것이 언어화다. 이것을 반복함으로써 정보를 전달하는 힘이 커진다.

뇌 운동법 전달 영역을 발달시키는 훈련

오늘 있었던 일 이야기하기

처음부터 언어로 얻은 정보를 언어로 전달하는 일은 매우 간단하다. 그러나 우리의 경험은 보고 듣고, 몸을 움직이는 등 비언어적 체험이 많다. 우뇌에서 얻은 이미지를 좌뇌에서 언어로 바꾸는 작업이 느린 사람은 주위로부터 "좀 더 알기 쉽게 설명해주겠어?"라는 말을 종종 듣는다. 간단한 내용이어도 상관없으니 자신이 경험한 에피소드를 다른 사람에게 말이나 글로 전하는 훈련을 하면 정보 전달력을 높일 수 있다.

생각을 그림으로 표현하기

에피소드의 언어화에 익숙해졌다면 다음에는 생각을 시각화하자. 우뇌의 전달 기능이 강한 사람은 순간적인 발상이나 이미지가 끊임없이 떠오른다. 하지만 막상 말로 설명하려 하면 적절한 단어를 찾기 어렵거나 말의 앞뒤가 맞지 않는 문제가 종종 일어난다. 이런 경우 전하고 싶은 이야기를 말로 정리하는 것이 아니라 그림으로 표현하면 머릿속이 정리되고 다른 사람에게 전하기 쉬운 형태가 된다. 이는 말하고자 하는 바를 이미지화하려고 노력함으로써 우뇌와 좌뇌의 전달 영역을 한꺼번에 강화할 수 있는 방법이다.

뇌의 기억 영역
만사가 부정적인 생각으로 흘러간다면

| 행동을 막는 패배적 신경 회로 |

의지가 약한 사람은 만사를 자신에게 불리한 쪽으로 생각하기 쉽다. 과거에 일어난 일을 부정적으로 기억하는 경우가 많기 때문이다. 기억은 가능한 한 긍정적으로 바꾸어놓아야 의지력 향상에 도움이 된다. 나는 지금까지 책을 여러 권 출간했는데 반응이 좋았던 책도, 신통치 않았던 책도 있다. 하지만 큰 인기를 끌지 못했다고 해서 '저 편집자 때문에 책이 안 팔렸어.' 따위의 생각은 하지 않는다. '안타깝지만 어쩔

수 없지. 기회를 다시 잡아보자.' 하고 생각하는 편이 앞으로 할 일에 열정과 의지를 북돋아주고 능률도 생긴다.

무언가를 하고자 할 때 뇌는 관련된 기억을 끄집어낸다. 기억 기능을 담당하는 영역에서 부정적인 기억을 불러내면 그 순간 선입견이 생겨 불안을 느끼게 된다. 끔찍하거나 손해를 보았거나 부끄러운 기억 같은 부정적 일은 치명적인 사건으로 인식되기 때문에 뇌에서 브레이크를 세게 밟는다. 이때 뇌에서는 기억을 담당하는 영역과 사고를 담당하는 영역이 서로 빠르게 신호를 주고받는데, 이 신호가 다람쥐 쳇바퀴처럼 빙글빙글 맴돌기만 한다. 그러면 계속 안 좋은 생각만 들어 일이 아무것도 손에 잡히지 않는다. 며칠이건 몇 년이건 특정 기억만을 무의식적으로 떠올리며 되뇌고 있을 뿐, 무언가를 생산적으로 생각하지 못한다.

이런 사람의 뇌를 MRI로 찍어 진단하면 특정 영역만 작동한 탓에 부정적인 신경 회로가 강화되었음을 알 수 있다. 이 패배 회로에 빠지면 다음 단계로 나아가기 어렵다. 트라우마를 일으키는 악순환의 고리가 나쁜 가장 큰 이유는 이것이 다른 뇌 영역의 작동을 막기 때문이다.

| 악순환 끊기 |

부정적인 기억에 사로잡혔을 때는 새로운 기억으로 덮어버리자. 뇌는 구조적으로 한 번 들어온 기억을 없었던 것처럼 지울 수 없지만 덮어쓰기는 가능하다. 이전에 등교를 거부하는 고등학생에게 본인의 뇌 MRI 사진을 보여주며 "네가 학교 다니기 싫다고 계속 생각하면 뇌에서는 그 생각만 계속해서 빙글빙글 돌고 있어."라고 이야기한 적이 있다. 놀랍게도 학생은 다음날부터 학교에 다니기 시작했다. 자신의 뇌 상태를 확인한 후 학교에 가기 싫다는 생각을 새로운 생각으로 덮은 것이다.

기억의 중추인 해마는 새로운 경험을 기억으로 저장할 때도 과거의 낡은 기억을 불러올 때도 깊이 관여한다. 끝없이 부정적인 착각 속에 머물러 있으면 새로운 일에 도전하고자 하는 기능이 저하된다. 패배적인 회로에 갇히고 만다. 고민을 너무 많이 하는 것도 긍정 마인드를 갉아먹으므로 주의해야 한다.

뇌 운동법 **기억 영역을 발달시키는 훈련**

취침과 기상을 30분씩 앞당기기

누구에게나 하루는 24시간이다. 그 시간을 어떻게 사용하느냐에 따라 뇌가 정보를 기억하는 힘이 달라진다. 사람은 잠자는 사이에 하루 동안 일어난 일을 기억으로 정착시키는데, 수면 시간이 7시간을 넘기면 기억 용량에 과부하가 걸린다. 또 아침에 눈 뜨기가 피곤하면 정신이 맑지 않고 흐리멍텅한 상태로 오전을 보내느라 어떤 일이 일어나도 각인시키기 어렵다. 잠자리에 드는 시간을 30분 앞당기고 그만큼 아침을 30분 일찍 시작하자. 이렇게 한 달 동안 계속하면 지금까지와 다른 기억이 뇌에 정착하기 시작할 것이다.

항상 긍정적인 표현으로 말하기

행동거지가 거친 사람은 말도 거칠게 하고 거짓말쟁이는 사실이 아닌 일을 지어낸다. 또 부정적인 사고를 가진 사람은 부정적인 방식으로 뇌를 움직인다. 평소에 아무 생각 없이 내뱉는 말이나 떠오르는 생각을 노트에 적어보자. 그리고 그중에서 부정적인 내용은 평범한 표현이나 긍정적인 단어로 바꾸자. 예를 들면 '아, 귀찮아!'라는 말은 의지를 확 꺾이게 하지만, '시간이 조금 걸릴 것 같아.' '간단하게 빨리 끝낼 수 있는 방법이 없을까?'로 바꾸면 같은 말인데도 부정적인 느낌이 사라진다. 의지가 오히려 더 차오르고 행동할 가능성이 높아진다. 이렇게 일상에서 자주 쓰는 말을 긍정적으로 바꾸기만 해도 진취적으로 행동하기 쉬워진다.

뇌의 감정 영역
나도 모르는
내 마음

| 활동적인 사람은 호불호가 확실하다 |

뇌의 감정 영역에서는 유쾌함이나 불쾌감을 느끼고 좋고 싫음이라는 감정을 만들어낸다. 뇌의 사령탑 역할을 하는 사고 영역에도 강력한 영향을 미친다. 둘의 관계는 가스렌지와 물이 담긴 주전자와 같다. 가스렌지를 켜면 물이 끓고 불을 끄면 물이 식는 것처럼, 뇌의 감정 영역이 즐겁다고 느끼면 사고 영역에서 적극적인 아웃풋을 보내려고 하지만, 감정 영역이 싫다고 받아들였을 때는 사고 영역이 그것을 회피하려는 아웃풋을 시도한다. 좋아하는 사람과 만나는 약속은 언제 어디서 만날지 바로 결정하는 반면, 싫은 사람을 만날 약속은 어떻게든 회피하려고 질질 끌며 애매모호하게 넘기지 않는가? 이처럼 감정적으로 내키지 않는 일에는 행동력도 떨어진다. 활동적인 사람과 무기력한 사람은 이 감수성에서 상당한 차이를 보인다.

활동적인 사람의 뇌는 감정 기능을 효과적으로 사용한다. 이런 사람의 경우 자신이 즐겁다고 느끼는 일, 좋아하는 일, 마음이 편해지는 일 등을 쉽게 포착한다. 그래서 하고 싶은 일을 끊임없이 발견하며 적극적으로 행동한다.

그러나 의욕이 없는 사람은 자기 마음이나 기호에 둔감해서 흥미를 느낄 수 있는 일 자체가 월등히 적다. 뇌의 감정 영역이 발달하지 못했기 때문에 좋고 싫음을 분명하게 느끼지 못하는 것이다. 좋은 것과 싫은 것, 하고 싶은 일과 하기 싫은 일을 스스로 분명하게 구분해야 원하는 바가 생기고 그것을 충족시키기 위한 충분한 에너지도 생겨난다.

과거에 사로잡힌 불안과 저항 심리

뇌의 감정 영역이 약하면 충동을 제어하기 어렵다. 불안감에 휩싸여 있을 때는 사고 기능에 영향을 미쳐 이미 결정한 일을 두 번 세 번 뒤엎기도 한다. 혹은 소위 분노조절장애가 있는 사람처럼 끓어오르는 화를 주체하지 못하고 쏟아붓는 바람에 상대를 당황시키기도 한다.

많은 경우 유쾌함이나 불쾌함을 느끼는 방식은 과거 기억의 영향을 받는다. 이를테면 충격적인 영상을 보면 시간이 지나도 남아 있는 기억에 의해 부정적인 뇌 반응이 일어나곤 한다. 누군가로부터 상처받는 말을 들었다면 자신을 향한 타인의 말에 민감해지고 그러한 반응이 행동으로 나타난다. 싫은 감촉의 기억이라면 뇌에서 그것을 다시 접촉하지 말라고 저항한다. 원래 갖고 있던 기억과 새로 들어온 정보가 맞물려 행동에 영향을 미치는 것이다.

이런 반응은 자신을 보호하기 위한 방어기제로 나타나는 것이므로 꼭 나쁘다고 할 수는 없다. 단지 방어기제가 거세진다는 것은 불안감도 커진다는 의미로, 적극적으로 행동해야 할 때마저 억눌려버리는 것이 문제다. 그러므로 늘 안정적으로 균형 잡힌 정서를 유지하기 위해 평소에 뇌의 감정 영역을 단련해야 한다.

| 타인의 감정을 읽는 뇌 |

뇌의 감정 영역은 자기 감정을 제어할 뿐 아니라 타인의 감정을 읽는 역할도 한다. 평소 인간관계에서 감정 영역이 단련되어 있으면 사람들이 보이는 사소한 변화로 상대의 감정을 감지할 수 있다. '왠지 들떠 있네!' 혹은 '어쩐지 우울해 보이는데…'와 같은 기색을 알아차릴 수 있다. 이것이 공감 능력의 토대가 되어 인간관계를 원만하게 만든다.

감정 기능이 약하면 분위기나 상황에 맞추어 대응하지 못해 상대에게 상처를 주거나 불쾌감을 주는 행동을 할 수 있다. 혹은 반대로 자기를 싫어하는 것 같다고 느껴 필요 이상으로 위축되는 등 뇌의 상태가 불안정해질 수 있다.

뇌 운동법 감정 영역을 발달시키는 훈련

좋아하는 얼굴과 싫어하는 얼굴 찾기

좋아하는 얼굴과 싫어하는 얼굴 사진 스무 장을 각각 잡지에서 오려 모아보자. 그리고 좋아하는 얼굴을 보면서 이유를 언어로 표현해보자. 싫어하는 얼굴에도 같은 방법을 적용해보자. 우선 이성부터 분류하고, 그다음에는 동성도 시도해본다. 이렇게 연습하면 감정이 상대의 외모에 따라 오락가락함을 깨닫게 된다. 좋아하는 얼굴, 싫어하는 얼굴을 알아두는 일은 단순히 외적 취향을 따지는 것에 그치는 것이 아니라 자신의 감정을 파악하는 데 효과적이다.

앨범을 보거나 새로운 사진 추가하기

현재의 나는 과거로부터 온다. 사진첩을 넘기다 보면 부모님이나 조부모님에 대한 감사한 마음에 울컥하고 고마웠던 선생님을 보며 회상에 젖기도 한다. 이는 살아가면서 필요한 감정이다. 사진첩이 조금이라도 당신을 즐겁게 만드는 매개체가 될 수 있도록 새로운 사진을 계속 추가해나가자.

그리고 사진마다 희로애락의 감정 기억을 심자. 나도 일상이 무료하고 의욕이 없을 때마다 책장 한구석에 보관해둔 앨범을 꺼내어 보면서 미래의 꿈을 품고 동기부여를 시켜왔다.

뇌의 운동 영역
적은 에너지로
크게 움직이는 몸 만들기

| 행동 속도를 높이면 의욕이 생긴다 |

활동적인 사람은 움직임도 재빠르다. 일어서는 것도 걷는 속도도 빠르며, 다양한 것에 빠르게 반응한다. 반대로 의욕이 거의 바닥인 사람은 모든 행동이 느릿느릿하다. 몸의 움직임이 느리면 의지는 더욱 약해진다. 신체와 뇌는 연동되어 있으므로 몸이 먼저 움직이면 의지는 그에 발맞추듯 생겨난다.

우리가 몸을 움직이려면 뇌의 사고 영역이 운동 영역에

'움직여!'라고 명령해야 한다. 행동하는 속도가 느리다면 뇌의 운동 영역이 발달하지 못한 것이다. 운동 영역은 척추에 있는 중추신경계의 일부인 척수를 통해 근육에 연결되어 있고, 이 근육이 움직임으로써 행동하게 된다. 재빠르게 움직이기 위해서는 근육을 움직여 뇌의 운동 기능을 활성화하는 일과, 사고 영역이 운동 영역으로 보내는 지령을 늘리는 일 두 가지가 함께 병행되어야 한다.

신입사원의 경우 지시받은 일에 얼마나 빨리 반응하는가를 보면 뇌의 운동 영역이 얼마나 발달했는지 알 수 있다. 움직이는 연습을 평소에 해두지 않으면 익숙하지 않은 일에 바로 반응하지 못한다.

스포츠나 운동을 꾸준히 하는 사람은 욕구의 중추인 시상하부가 단련되어 있어 여러 호르몬의 작용이 활발하고 자연스레 활동적인 성향을 갖게 된다. 과거 기업마다 조례 시간에 라디오 체조를 한 이유도 '이제 일을 해야지.' 하고 몸을 각성시키는 효과가 있었기 때문이다.

움직일 수 있는 몸 만들기

평소에 자주 사용하지 않는 근육은 뇌의 운동 영역이 강하게 명령을 내리지 않으면 생각대로 움직이지 않는다. 굳어 있는 근육이 말을 잘 듣게 하려면 엄청난 에너지를 소비해야 한다. 시험 삼아 윗눈꺼풀은 그대로 두고 아랫눈꺼풀만 움직여 눈을 깜박여보자. 대부분의 사람은 잘 못할 것이다. 동작에 가까스로 성공한다 해도 피로감을 느낄 것이다. 평소에 거의 하지 않는 동작이라서 뇌의 운동 영역과 눈 밑 근육이 제대로 연동하지 않기 때문이다.

같은 이유로 몸이 뻣뻣한 사람은 가만히 있어도 뇌가 피로해진다. 몸이 굳어 있다는 말은 몸의 활동 범위가 좁다는 뜻이다. 가령 팔 주위 근육이 수축되어 있으면 팔을 쭉쭉 뻗지 못한다. 팔을 크게 움직이려면 뇌는 '근육을 이완시켜 뻗어라!' 하고 강력하게 명령해야 한다. 또 근육량이 적은 사람이 무거운 물건을 들어 올릴 때는 평소에 쓰지 않는 근육을 써야 하므로 몸의 균형을 유지하기 위해 엄청난 에너지를 소비하게 된다. 그래서 움직임이 느려지는 것이다.

이처럼 몸을 움직이기 위해서 뇌의 에너지를 과도하게 써야 할 경우 자연스레 효율도 떨어진다. 움직일 때마다 몸이 무겁거나 행동이 느리다면 먼저 신체를 단련하여 유연하고 활발하게 움직일 수 있는 몸을 만들자.

뇌 운동법 | 운동 영역을 발달시키는 훈련

손으로 만든 종이공 던졌다 받기

종이를 동그랗게 구기기 위해서는 양손과 손가락을 유연하게 움직여야 한다. 우선 양손을 쉬지 않고 동시에 움직여 종이를 공 모양으로 구겨보자. 힘을 주어 완전히 구겨서 단단하게 만들고 나면 1미터 이상 위로 던졌다가 잡는다(던지는 순간부터 잡을 때까지 지켜봄으로써 눈의 근육도 단련할 수 있다). 이때 자신이 즐겨 쓰는 손의 반대쪽 손으로도 할 수 있다. 3분 정도 지속한다.

발가락 양말 신기

손가락과 마찬가지로 발가락도 각기 하는 역할이 다르다. 열 개의 발가락이 힘을 제대로 쓸 수 있도록 발가락양말을 신어보자. 발가락에 힘이 들어가기 쉬워 서 있거나 걸을 때 균형이 잘 잡히므로 에너지 소모를 줄일 수 있다. 흙을 밟을 수 있는 곳에서는 발가락을 펼치기 쉽도록 사이즈가 넉넉한 신발을 신고 땅을 움켜쥐는 느낌으로 걸어보자. 해안에서는 맨발로 모래 위를 걸으면서 발가락 근육을 단련하자. 이는 뇌의 사고 영역에서 운동 영역으로 정확하게 명령을 내리도록 하는 훈련이다.

칼럼

공격적인 캐릭터로 에너지를 생산한다

활동적인 사람과 공격적인 사람을 완전히 동일하게 볼 수는 없지만, 공격성을 갖춘 사람은 어느 정도 쉽게 욕구를 분출하거나 실현하고자 하는 욕망을 행동으로 드러낸다. 일부러 공격적인 캐릭터를 만들어 연기하는 사람도 드물게 있다. 매사에 거칠게 덤벼드는 사람이 주위에 한두 명쯤 있지 않은가.

나는 언제나 '정(正), 반(反), 합(合)'이라는 헤겔의 변증법 논리에 따라 행동한다. 일부러 상대가 제안한 것과 반대되는 의견을 제시해 상호 절충안을 내기 위해서다. 상대를 공격함으로써 나 역시 공격을 당하고, 이것이 다음 행동을 취하기 위한 기폭제가 된다. 적대감이란 옳건 그르건 에너지를 생산하는 재료가 될 수 있다.

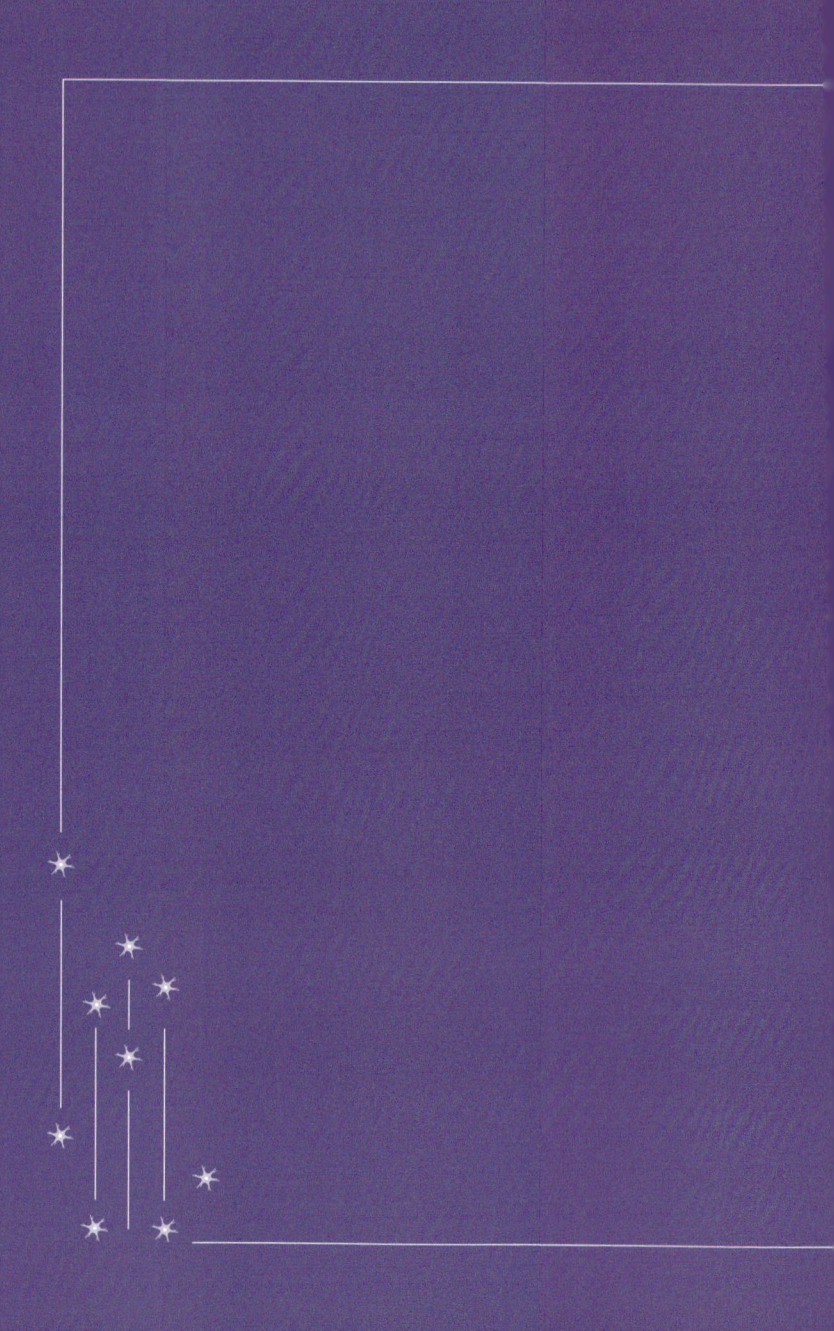

3장
잠자는 뇌를 깨우는 환경 만들기

뇌를 보면 미래가 보인다

'나는 왜 만사가 재미없을까?' 하고 침대에 하루 종일 늘어져 고민해본 적이 한 번쯤 있을 것이다. 당신이라고 태어나면서부터 의지가 없었을까. 성격은 뇌가 얼마나 발달했느냐로 다르게 형성된다. 양심은 뇌의 감정 영역과 사고 영역을 통해 생성된다고 볼 수 있다. 양심이 있다는 말은 자신을 타인과 구별하고 있다는 뜻이다. 타인과 자신을 제대로 구별하기 위해서는 사고 영역에서의 판단력이 발달하고 좌뇌와 우뇌의 감정 영역이 동시에 발달해야 한다. 이 중에서 발달하지 못한 영역이 하나라도 있으면 잘못을 잘못이라고 판단하거나 느끼지 못한다. 뇌의 사고 기능이 뛰어나 아이큐가 높고 똑똑하다고 해서 그 사람을 착하다고 볼 수 없는 이유다. 극단적으로 말하자면 지능범의 경우 뇌의 사고 기능이 뛰어나지만 감정 기능이 보통 사람보다 열등하다고 할 때 죄악감이 결여된 인격장애자일 가능성이 있다.

MRI를 이용해 뇌를 관찰하면 그 사람이 살아온 궤적이 드러난다. 살아온 궤적은 곧 뇌 기능의 궤적으로 그 과정이 지층처럼 쌓여 있다. 이 사람은 우유부단하겠구나, 운동에 빠져 있던 시기가 몇 살쯤이겠구나, 혹은 지금까지의 인간관계가 좋았는지 나빴는지, 평소에 어떤 사람과 이야기를 주고받는지도 예측 가능하다(그렇다고 구체적으로 누구와 만났는지까지는 알지 못한다). MRI 진단 결과를 보면 그 사람의 가까운 미래부터 이후 삶에 대해 어느 정도 상상이 간다. 그러니 자신을 바꾸고 싶다고 마음을 먹었다면 가장 먼저 뇌를 바꾸는 훈련을 해야 한다.

뇌가 바꾸는
후천적 성격

| 나는 매일 다른 사람이 된다 |

뇌의 발달 정도는 사람에 따라 다르기 때문에 성장 방식이 곧 개성의 토대가 되기도 한다. 뇌가 얼마나 발달했느냐가 성격 형성에 큰 영향을 미치므로 성격이 바로 뇌의 개성이라 해도 좋다. 때로 '어떤 게 나의 진짜 모습일까?' '꾸밈없이 살고 싶다.'라고 심각하게 고민하는 사람이 있는데 무의미한 고민이다. 현재의 뇌 상태가 언제까지고 이어지지 않고 뇌는 새로운 경험을 받아들이면 저절로 바뀐다. 가령 직장에서 어제까지 남의 험담만 하던 사람이 동료 평가에서 높은 점수를 받는 순간 주위에 고마움을 느낀다. 이런 경우, 어제와 오늘 중 어느 쪽이 그 사람의 진짜 모습인지 판단할 수 있을까? 경험이 새로울수록 오늘의 자신과 내일의 자신은 완전히 다른 사람이 되기도 한다. 그러니 결혼이나 여행, 이사, 이직 등 인생의 전환기가 될 만한 중대사가 뇌에 미치는 영향력은 매우 크다. 전환기를 여러 번 겪은 사람일수록 확실히 뇌도 강해진다. 변화에 대한 유연성이나 내성이 붙기 때문이다. 새로운 경험을 거듭하는 사람은 성격까지 바뀔 수 있지만, 아무런 행동도 하지 않는 사람은 같은 상태에 머무를 수밖에 없다(혹은 완고해진다).

| 능력 발휘를 막는 나쁜 생활습관 |

성격에 영향을 주는 또 한 가지 요인은 생활습관이다. 아무리 뇌를 단련해도 잠이 부족하거나 몸을 움직이지 않는 생활이 이어지면 뇌가 능력을 제대로 발휘하지 못한다. 뇌는

생활환경으로부터 영향을 받기 쉬워서 생활습관이 불규칙하면 별안간 우울감에 젖어들거나 화를 내기 쉽다. 그러면 왕성한 에너지가 의욕이나 활력이라기보다 뜻대로 통제하기 힘든 짐이 된다. 자신의 진짜 모습 즉, 자연스러운 모습을 발견하고 싶다면 그런 불규칙한 습관을 고치고 안정적인 상태를 유지해야 한다.

뇌가 정상적으로 작동하지 않는 경우는 크게 아래 4가지 원인을 들 수 있다. 자신의 뇌 상태를 확인해보면 어떤 점이 부족한지 간단히 알 수 있다.

- 잠이 부족할 때
- 고민거리가 있을 때
- 운동이 부족할 때
- 정보가 부족할 때

이런 상황이 겹쳐서 지속되면 사람들과 어울려 소통하기 힘들고 해야 할 일을 할 때 생산성이 떨어진다. 경우에 따라서는 뇌 발달과 상관없이 혼자만의 세계에 갇히기도 하는데, 내가 운영하는 클리닉에는 그런 상황으로부터 스스로 헤어나지 못해 가족의 손에 이끌려 오는 사람도 꽤 있다. 4~5개월 정도 치료를 거치면 "내가 보고 싶었던 당신의 모습을 찾으셨군요."라는 말이 나오는 사람으로 바뀐다. 에너지 생성의 원천은 성격이 아니라 뇌의 상태임을 기억하자.

각성 레벨을 높이면 머리가 맑아진다

깨어 있는 데 가장 큰 에너지가 소비된다

무기력한 사람이 뇌를 활발한 상태로 유지하기 위해서는 각성 수준을 끌어올려야 한다. 각성이란 잠들어 있을 때의 반대 개념으로, 눈을 뜨고 있는 상태를 말한다. 따라서 뇌의 각정 레벨이란 얼마나 정신이 맑고 민첩한지를 나타내는 정도라고 할 수 있다. 뇌는 깨어 있는 동안 각성 상태를 지속하기 위해 다량의 에너지를 쓴다. 갑자기 혼수상태에 빠지거나 의식을 잃지 않도록 '깨어 있는' 상태를 유지하기 위해서다. 우리가 평소에 크게 느끼지는 못하지만 각성하는 데 소모되는 에너지는 지적 활동에 들어가는 어떤 에너지보다 크다. 다른 사람과 대화하기 위해 사용하는 에너지보다 대화하는 동안 정신이 또렷하게 깨어 있기 위해 쓰는 에너지가 더욱 크다는 것이다.

우리가 움직이지 않고 가만히 안정을 취하는 상황에서도 뇌는 각성 레벨을 높이기 위해 상당한 에너지를 소비한다. 과거 뇌 자극 실험을 위해 사용한 실험용 쥐를 처리하는 과정에서(가엾지만 실험을 끝낸 쥐는 모두 살처분한다) 뇌의 각성 레벨을 알기 위해 내가 발견한 기능적 근적외선 분광법(functional Near-Infrared Spectroscopy, fNIRS)이라는 뇌 기능 측정법으로 쥐의 뇌혈류 반응을 계측한 적이 있다. 쥐의 다리를 자극해 얻는 뇌혈류량은 쥐가 생명을 유지하기 위해 쓰는 뇌혈류량의 10~20퍼센트 정도였다. 이를 사람에 적용하면 우리가 이야기를 나누거나 독서, 청소 등의 활동을 하고 있을 때 각 뇌 영역에서 일어나는 혈류량은 깨어 있기 위해 일어나는 뇌혈류량의 10~20퍼센트에 불과함을 뜻한다. 즉, 일상에서 일어나는 다양한 뇌 기능은 일차적으로 뇌가 안정 상태를 유지해주는 덕분에 가능한 것이다.

| 각성 레벨을 높게 유지해야 하는 이유 |

우리가 이따금 선잠이 들거나 하품을 하고 졸음이 엄습하는 이유는 각성 레벨이 낮아졌다는 신호다. 이 상태에서는 주변 여건만 제대로 갖추면 바로 잠들어버리기 쉽다. 각성 레벨이 낮을 때는 시각적인 감도가 떨어지기 때문에 분위기 파악도 어렵다. 자극적인 사진을 보아도 가슴이 두근거리지 않고 행복한 표정을 짓고 있는 사람, 혹은 화내는 사람의 사진을 보아도 표정에 아무런 변화가 없는 등 인식이 둔감해진다(신기하게도 슬픈 얼굴을 한 사람의 사진에는 반응한다. 타인의 슬픔은 인간에게 매우 강력한 감정을 불러일으킨다).

뇌의 시각 영역에서 받아들이는 정보의 양이 적으면 감정 영역도 둔하게 반응한다. 이런 상태에서는 타인의 감정을 잘 읽지 못해 소통 과정에서 오해가 생기는 경우가 많고 사회활동에 어려움을 겪는다.

각성 레벨이 낮아지면 공격적으로 변하기도 한다. 모임에서 기분 좋게 시간을 보내놓고 헤어질 때 그 자리에 없는 사람에 대해 뒷담화를 하며 분노를 표출하는 경우가 가끔 있다. 피로가 쌓이거나 졸음이 몰려오면 각성 레벨이 낮아져 끓어오르는 감정을 억누르지 못하는 것이다.

뇌가 뛰어나게 발달한 사람이라도 왕성한 에너지와 각성 레벨의 저하로 인한 공격성을 동시에 갖게 되면 이런 상태가 되기도 한다. 두뇌를 맑은 상태로 유지하기 위해서는 우선 각성 레벨을 올려야 한다. 우리 행동은 뇌 각성이라는 토대 위에 성립하고 있어서 각성 레벨을 기본적으로 끌어올리지 않으면 아무리 기를 써도 100퍼센트의 역량을 끌어내기 어렵다. 각성 레벨이 높을수록 뇌는 충분한 에너지를 보유하기 때문에 생산적이고 깊은 대화를 할 수 있다. 짜증이나 욕구를 제어할 수 있는 여유도 갖게 된다.

애쓰지 않고 움직이는 가장 쉬운 방법

| 다른 일을 할 에너지가 남아 있는가 |

각성 레벨이란 쉽게 말해 인간이 활동할 때 사용할 수 있는 에너지의 총량으로 '분모'에 해당한다. '분자'에는 활동할 때 쓰이는 에너지가 놓인다. 에너지를 1만큼 소모하는 일을 할 때 각성 레벨이 10인 사람보다 20인 사람이 성과를 올리기 쉽다. 분모가 클수록 남는 에너지가 많기 때문이다. 다행히 각성 레벨이 낮다고 해서 대화나 행동의 질이 갑자기 뚝 떨어져 속수무책이 되는 것은 아니다. 궁지에 몰렸을 때

뇌 각성 레벨이 높을수록 움직이기 쉽다

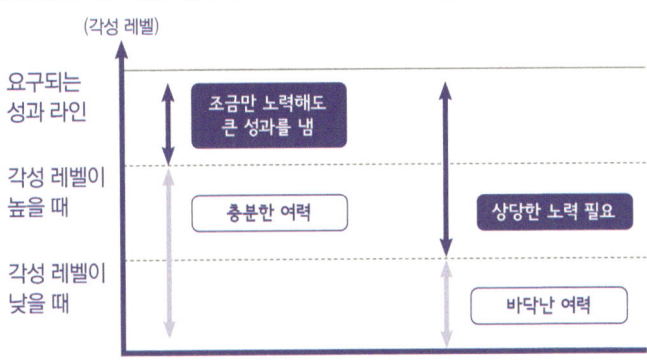

〈적용례〉
뇌 각성 레벨이 70일 때, 20의 활동(노력)을 할 경우 ⇒ 여력 50
뇌 각성 레벨이 30일 때, 20의 활동(노력)을 할 경우 ⇒ 여력 10

혹은 필요에 의해 일시적으로 각성 레벨을 끌어올릴 수 있다. 시험 기간처럼 '이 부분을 언제까지 외워야 한다' 같은 단기적인 목표가 있는 경우, 일시적으로 각성 레벨이 높아지기 쉽다. 하지만 지속성은 없기 때문에 목표를 달성한 시점에 곧바로 알맹이는 잊어버리고 빈 껍데기만 남는 경우도 종종 있다.

우리는 기본적으로 각성 레벨보다 높은 활동을 할 수 없다. 각성 레벨이 1일 때 에너지 1을 소모하는 회의에 참석한 경우 그 회의가 하루의 주요 이벤트가 된다. 쓸 수 있는 모든 에너지를 회의에 사용하기 때문에 다른 일을 할 에너지가 남아 있지 않아 하루 활동량이 크게 줄어들 수밖에 없다.

각성 레벨 측정법

문제는 현재 자신의 뇌가 어느 정도 각성한 상태인지 알 수 없다는 점이다. 만약 알고 있다면 각성 레벨이 낮은 상태에서 중요한 일을 벌이지 않을 수 있을 텐데 말이다. 이때는 아무리 노력해도 좋은 결과나 반응을 만들어내지 못할 것이 뻔하지 않은가.

리커트 척도(likert scale)[1]를 이용해 자신의 뇌 각성 상태를 파악하는 방법이 있다. 평소 상황에 맞추어 순간순간의

---

[1] 심리학 등에 사용되는 방법으로 특정 대상이나 사람, 관념 등에 대한 개인의 신념이나 태도를 측정하는 기법이다.

상태가 다음 5가지 선택지 중 어느 부분에 해당하는지 기록해 점수를 매긴다.

1점 **상당히 나쁘다**(눈은 뜨고 있지만 정신이 멍한 상태)
2점 **다소 나쁘다**(평소보다 개운하지 않고 피곤하다)
3점 **보통이다**(일상에 지장을 주지 않는 상태, 각성 레벨이 낮은 사람의 경우 이 기준점을 높여야 한다)
4점 **다소 높다**(머리가 꽤 맑은 상태)
5점 **상당히 높다**(정신이 상당히 선명하고 또렷한 상태)

<예시>
2월 21일 18:30   달리기 4점
6월 7일 10:30   영어 시험 2점
9월 18일 16:00   회의 3점
10월 1일 13:00   데이트 5점

위 예시처럼 따라하면 된다. 상황은 각자 상황에 맞게 바꿔서 적용해도 좋다. 이렇게 하면 '지금은 그때보다 컨디션이 좋지 않구나' 하고 상황을 비교할 수 있으니 자신의 현재 뇌 상태를 파악하기 훨씬 쉽다.

중요한 일이나 사안에 대해서는 늘 4점 이상의 상태에서 임하는 게 이상적이다. 뇌 각성 레벨이 낮을 때는 그다지 좋은 결과를 기대하지 않는 게 바람직하다. 앞에서 말한 것처럼 고민거리가 넘치거나 수면, 운동, 정보가 부족한 상황에서는 좋은 점수를 내기 어렵다. 또 점수화 과정에서 중요한 것은 5점일 때의 감각을 찾아내는 것이다. 또 1점의 상태였을 때 어떤 상황이었는지 기억해두었다가 중요한 일을 닥쳤을 때 4점이나 5점으로 끌어올릴 수 있어야 한다.

무기력을 이기는 올바른 수면

| 각성 레벨을 높이는 4가지 |

두뇌 활동이 활발한 사람은 각성 레벨을 높은 상태로 오래 유지하는 경우가 많다. 뇌가 발달했어도 각성 레벨이 낮으면 활동성은 떨어진다. 생활습관에 따라 각성 레벨은 날마다 영향을 받기 때문에 뇌의 발달 정도에 상관없이 항상 신경을 써야 한다. 각성 레벨을 높게 유지하는 대표적인 방법은 다음 4가지다.

- **충분한 수면**
- **이른 아침에 걷기**

  졸음으로부터 몸을 깨어나게 해 뇌 각성 레벨이 올라간다. 단, 수면 시간이 부족한 상태에서는 걷기 효과가 충분히 나타나지 못하므로 올바른 수면 습관이 반드시 뒷받침되어야 한다.
- **좋아하는 일 하기**

  싫어하는 일보다 좋아하는 일을 할 때 뇌가 활발해지므로 저절로 뇌 각성 레벨이 높아진다.
- **다음 일정을 생각하면서 현재의 일 진행하기**

  다음 일정이 있으면 뇌가 그 목표를 향한 준비 단계에 돌입한다. 어떤 일을 할 때 행동하기 전에 미리 준비 태세를 갖추면 뇌를 각성시키는 효과가 있다. 중요한 일정을 앞둔 전날 밤에 마신 술이 빨리 깨는 이유는 이 때문이다.

앞에서 뇌가 정상적으로 작동하지 않는 사람의 주요 문제점으로 수면 부족, 많은 고민거리, 운동 부족, 정보 부족의 4가지를 들었는데, 이 중에서 가장 빨리 보완할 수 있는 행동이 수면이다. 그래서 지금부터는 수면을 중심으로 각성 레벨 높이기에 관해 소개하려고 한다.

| 하루에 최소 7시간은 자야 한다 |

성인이라면 나이와 신체 능력과 관계없이 모두 하루에 7~9시간은 자야 한다. 이보다 적거나 많으면 몸에 안 좋은 영향을 미친다. 이틀 전 7시간 동안 잔 덕에 어제는 컨디션이 좋았는데 간밤에 6시간밖에 못 잤다면 줄어든 수면 시간만큼 뇌 각성 레벨이 떨어진다. 본인은 깨닫지 못해도 한 시간 차이는 상당히 크다. 아침까지 술자리를 갖고 잠을 거의 못 자고 출근하는 사람이 있는데, 겉으로는 멀쩡해 보여도 분명히 속은 썩어 있다. 잠이 부족할뿐더러 밤늦게까지 술을 마셨다면 뇌 활동이 원활하지 않은 상태이므로 정상적인 생활이 어렵다.

실제로 수면 시간이 6시간인 팀과 7시간인 팀으로 나누어 실시한 실험이 있다. 수면 시간이 부족하면 알츠하이머형 치매를 유발하는 아밀로이드 베타(amyloid-β)라는 단백질이 뇌 속에 비정상적으로 쌓인다. 아밀로이드 베타 물질이 늘어나면 뇌의 기억 영역의 중추인 해마라는 단기기억 저장소 주변에 타우 단백질(tau protein)[2]이라는 물질이 들러붙어 기억력을 저하시킨다(아밀로이드 베타 자체에서도 해마의 세포 생성을 방해하는 작용을 한다).

해마가 손상을 입으면 보고 듣는 경험이 기억으로 제대로 저장되지 않고 뇌의 사고 영역이나 감정 영역과의 연동이 어려워진다. 그래서 치매의 대표적인 증상이 생각하는 능력이 떨어지고 감정이 둔해지는 것이다.

| 잠이 부족하면 쌓이는 노폐물 : 아밀로이드 베타 |

수면 시간이 7시간인 사람과 6시간인 사람을 비교하면 후

---

[2] 뉴런 내에서 물질의 운반을 담당한다. 이 단백질의 혈중 농도가 정상치보다 높으면 치매 발병률이 높다.

자가 아밀로이드 베타의 침착량이 압도적으로 많다. 아밀로이드 베타라는 이름이 낯설게 느껴진다면 뇌에 쌓이는 노폐물, 즉 일종의 변으로 생각하면 이해하기 쉬울 것이다. 우리는 자는 동안 뇌 속 림프관을 타고 흐르는 수액을 통해 변을 배출한다. 수면 시간이 짧으면 배출할 시간이 모자라 뇌에 방치되어 쌓이는 것이다. 이런 단백질이 정해진 양보다 많이 쌓이면서 뇌의 신경세포를 서서히 죽인다. 이 과정이 오랜 기간 지속되면 어느 시점부터 하루가 다르게 맹렬한 속도로 치매를 악화시킨다. 운 좋게 치매에 걸리지 않는다고 해도 인지 기능이 현저히 떨어진다.

잠자는 시간이 아깝다는 생각은 위험하다

| 나는 적게 자도 에너지 넘치는데? |

젊을 때는 한창 일에 몰두하거나 놀기 바빠 7시간이나 잘 여유가 없고 자는 시간이 아까울지도 모른다. 하지만 길게 보면 충분한 수면을 취해야 인지 능력이 높아진다(단, 9시간 이상 자면 우울증에 걸리기 쉽다).

가끔 하루에 4시간 정도의 수면으로도 건강하게 지내는 이른바 숏 슬리퍼가 있다. 사람들은 그들이 조금만 자도 다음날 활동에 아무런 지장이 없을 만큼 에너지가 차고 넘친다고 생각한다. 내가 보기에 그건 수면 부족으로 인한 스트레스로 아드레날린이 과도하게 분비되어 흥분하는 비정상적인 상태이다.

인지 기능을 떨어뜨리는 수면장애

자고 싶은데 쉽게 잠들지 못하는 사람이 꽤 많다. 잠들기까지 20분 이상을 소요하거나, 잠들어도 중간에 깨거나 얕은 잠을 자거나, 자고 일어나도 개운하지 않으며 눈이 너무 빨리 떠지는 경우, 모두 수면장애를 겪는 사람이다.

우리는 자는 동안 렘수면(몸은 쉬고 있어도 뇌는 각성한 상태)이라는 얕은 잠과 비렘수면(뇌와 몸이 모두 쉬는 상태)이라는 깊은 잠의 과정을 반복한다. 중년기에서 노년기에는 잠에서 쉽게 깨기 때문에 7시간이나 못 자는 사람이 늘어난다. 나이를 먹을수록 깊은 잠(비렘수면)에 빠지는 시간이 짧아지므로 눈이 일찍 떠진다.

뇌에서 노폐물이 배출되는 때가 비렘수면 상태일 때이

다. 그래서 나이가 들수록 노폐물이 뇌에 쌓여 인지 기능이 떨어지고 치매에 걸릴 확률도 높아지는 것이다. 게다가 인지 기능이 떨어지면 렘수면 시간 또한 짧아지는 경향이 있다. 꿈은 보통 렘수면 상태일 때 꾸는데 치매에 걸리면 꿈을 꾸지 않는 이유가 이 때문이다. 즉 '잠이 오지 않으니까 인지 기능이 떨어지고 인지 기능이 떨어지니 잠이 오지 않는' 악순환의 반복이다.

나도 지금은 젊었을 때와 달리 곯아떨어지는 날이 적어 안대를 끼고 잠을 청한다. 도저히 7시간은 무리라 생각하는 사람은 안대를 착용하면 중간중간 잠에서 깨는 횟수가 줄어든다. 또 다음날 아침 눈부신 햇볕이 잠을 방해해 눈이 떠질 일도 없으므로 자신이 정해놓은 기상 시간까지 숙면을 취할 수 있다(지극히 개인적인 경험이지만).

흥분과 의욕을 구분하라

| 스마트폰만 주야장천 보는 이유 |

만성적으로 뇌 각성 레벨이 낮은 사람을 변화시키기 위해서는 강한 자극이 필요하다. 문제는 각성 레벨이 낮은 상태에서는 어느 한두 가지에 지나치게 의존하는 경향이 있다는 것이다. 이런 경우 동기부여의 수준을 넘어 중독에 빠지기 쉽다. 이를테면 도박에 손을 댔다가 걷잡을 수 없이 빠져들거나 성적 욕구를 채우기 위해 가학적인 행위에 중독되는 경우다. 게임이나 스마트폰 중독도 마찬가지이며 특정한

영적 세계에 심취하는 것도 같은 이유에서다. 개인의 기호라 인정할 만한 범위 안에서라면 상관없지만, 지나치게 의존하기 시작하면 다른 것은 일절 눈에 들어오지 않는다. 무엇이든 자신이 유익하다고 느끼는 선에서 멈출 수 있어야 한다. 스스로를 제어하려는 의지만 갖는다면 이러한 지나친 의존성을 오히려 동기부여 기능으로 잘 활용할 수 있다.

각성 레벨이 높다 해도 1000억 엔을 보유한 자산가가 100만 엔 혹은 10만 엔을 벌기 위해 노력할 의지가 생길지에 대한 문제도 생각해봐야 한다. 막대한 부를 지닌 사람은 훨씬 강력한 자극이나 메리트가 없으면 대부분 반응하지 않는다. 물질이나 그에 준하는 승인 욕구에 의존하는 경우, 박수갈채나 돈다발을 받지 못하는 것에는 동기부여가 되지 않는다.

왜 강한 자극이 동기부여가 될까? 강한 자극을 받으면 근육에 자극을 전달하는 호르몬인 아드레날린이 분비된다. 보통 아드레날린이 분비되면 급격히 기분이 좋아지고 기운이 솟고 활동성이 증가한다고 생각한다.

사실 아드레날린은 활동 에너지 생성과 상관관계가 없

다. 단지 긴장하거나 흥분하는 등 스트레스를 느낄 만한 상황에서 분비됨으로써 혈압을 상승시킬 뿐이다. 아드레날린이 빈번하게 분비되면 심장에 큰 부담을 준다. 사람들 앞에서 발표할 때 긴장해서 혈압이 오르는 것을 에너지 넘친다고 말하긴 어렵다. 잠을 제대로 자지 못했거나 도박을 할 때 분비되는 아드레날린도 마찬가지다.

| 최고의 성과를 내는 차분한 에너자이저 |

시합 중인 프로레슬러를 보면 아드레날린이 솟구쳐 넘치는 에너지를 주체하지 못하는 것처럼 보이지만, 실제로는 오히려 에너지를 세심하게 제어하면서 경기한다. 훌륭한 성적을 내기 위해서는 상황을 정확히 파악하고 적절한 전략을 빠르게 세워야 하고 그러려면 무엇보다 두뇌를 활발하게 움직여야 한다.

인기 있는 코미디언이 텔레비전에서 요란하게 떠들어낼 때에도 그것은 아드레날린에 의한 흥분 효과가 아니다. 두

뇌가 부지런히 작동하면서 높은 각성 레벨을 유지하고 있기 때문에 상대의 반응을 제대로 살피고 웃음을 유발할 수 있는 것이다.

에너자이저 같다고 하면 늘 흥분된 상태로 분주하게 움직이는 것으로 오해하기 쉽지만, 그것은 선입견에 불과하다. 침착하면서도 활동성 넘치는 사람이 얼마든지 많다. 활동적인 유형들은 대개 어떤 일에든 쉽게 자극을 받는다. 탁월한 성과를 내는 에너자이저들은 외부 자극에 순응하면서도 자신의 의지대로 움직일 수 있고, 나아가 외부 자극을 지혜롭게 컨트롤할 수도 있다. 각성 레벨이 높아서 인풋과 아웃풋 작용이 멈추지 않고 빠르게 순환하기 때문이다.

| 단기적 만족과 장기적 목표 공존시키기 |

스스로 꾸준히 동기부여하기 위해서는 단기적인 만족을 추구하면서도 장기적인 목표를 세워놓아야 한다. 달성해야 할 목표가 있으면 무기력한 사람도 꾸준히 행동하고 의욕을 유지할 수 있다. 뇌는 주어진 프로그램을 실행하기 위해 작동하는 기관이다. 한 번으로 끝내라고 명령하면 일회성으로 작동하고, 멈추지 말라고 명령하면 계속한다.

꾸준히 지속하지 않으면 재미나 의미가 제대로 나타나지 않는 일도 많다. 오랫동안 지속할 자신이 없다면 처음에는 3~4일 만에 끝낼 수 있는 일부터 시작해보자. 이에 익숙해졌다면 1년 혹은 10년으로 기한을 늘려가보자. '이 일은 10년은 걸리겠다.'라고 뇌에서 기억하면 순간순간의 일시적인 만족이나 실망에 빠져 있지 않고, 먼 훗날 목표를 달성할 때까지 꾸준히 나아갈 힘을 갖게 된다.

질투를 날려버리는 사람의 생각법

| 자기 인식 장애 |

뇌 각성 레벨이 낮아지면 자기 인식이 약해진다. 자기 인식(self-awareness)이란 주위 환경이나 타인과 내가 다름을 구별하고 자기 자신을 객관적으로 인식하는 힘을 말한다. 즉, 자신에 대해 잘 모르는 사람은 자기 인식이 약하다.

사고가 정지되어 머릿속이 하얘질 정도로 질투에 사로잡히는 것은 자기 인식 장애에 해당한다. 남과 비교하는 일은 뇌의 사고 영역에서 담당하는데, 각성 레벨이 낮으면 정보를 함께 공유하는 뇌의 감정 영역이 폭주해서 사고 영역에서 올바른 비교 판단을 내리지 못한다. "왜 저 사람만 잘나가는 걸까? 왜 나는 그보다 못한 거야!"라고 말하는 사람이 있다. 그 이유는 너무나 단순 명확하다. '그 사람은 내가 아니기 때문'이다. 그 사람은 그 사람이고, 나는 나이다. 세상에 완전히 똑같은 사람이 어디 있겠는가? 저 사람의 입장과 내 입장은 다르고 자신과 타인은 다르다는 근본적인 인식이 불쾌함이라는 감정에 묻힌 것이다(앞에서도 말했지만 뇌의 감정 영역이 발달하지 못해도 자신과 타인의 구별이 모호해진다).

이렇게 뇌의 사고 영역이 정상적으로 기능하지 못하면, 생각이 다음 단계로 나아가지 못하고 사고 영역과 기억 영역 사이에서만 빙글빙글 맴도는 패배 회로에 말려들게 된다.

콤플렉스를 극복하는 사람의 스토리텔링

질투가 무조건 나쁜 감정이라는 뜻은 아니다. 콤플렉스나 질투는 누구에게나 생길 수 있는 감정이다. 피해 의식을 동력 삼아 노력한 결과 위대한 성취를 일군 사람들도 있다.

콤플렉스나 질투심을 동력으로 여기고 노력할 수 있는 사람은 부정적 감정에 빠지지 않도록 자기 나름의 스토리를 만드는 경우가 많다.

예를 들어 자신보다 나은 환경에 있는 사람을 악역으로 만들고 정의를 위해 '저놈을 이겨서 상황을 역전시켜야 해.'라고 생각한다. 이 같은 자기 합리화를 통해 자신의 위치를 과도하게 낮게 설정하여 상대와의 그럴듯한 차이를 만들고, 그것을 전략적으로 채워가는 것이다.

공략하는 표적이 명확해지면 방법을 찾기 위해 뇌가 활성화한다. 다음 단계가 보인다는 것은 그런 것이다. 이것이 뇌의 사고 영역이 담당하는 원래 기능이며, 정상적으로 작동할 경우 감정을 조절할 수 있게 된다. 이제 좌뇌의 사고 영역이 작동하고 운동 영역에서 인풋과 아웃풋을 자유자재로 조절한다. 즉, 행동이 이루어진다.

• '왜 내가 아니야?'라고 생각하는 사람

'왜 저 사람만 잘되는 거야? 왜 난 잘 안 풀리는 거야…'

…▶ 패배 회로에 빠진다.

• **상대를 이기자는 스토리를 만드는 사람**

'내가 지고만 있을 수 없다. 저 사람을 이겨서 상황을 바꾸어놓을 테다!'

…▶ 뇌가 움직이며 무엇을 해야 할지 생각하고 행동으로 옮긴다.

| 표적 설정이 행동을 촉구한다 |

표적을 명확하게 설정하는 일은 매우 중요하다. 뇌는 상황에 적응할 수 있도록만 설계되어 있기 때문이다. 예를 들어 마음에 드는 이성을 두고 '아직 거절당한 게 아니니 도전해보자!'라고 생각하는 사람과 '가능성이 100퍼센트가 아니면 일찌감치 포기하자.'라는 사람의 뇌는 다르게 작동한다. 한 걸음씩이라도 나아가려고 도전하는 사람에게는 다음 단계가 분명하게 보인다. 그래서 가능성이 조금만 있어도 뇌가 뛰어들려고 시도한다. 반면 확실하지 않으면 접근조차 못 하는 사람은 뇌가 움직일 필요가 없다. 넓은 반경 안에서만 안정적으로 움직이려 하므로 시도할 기회 자체를 거의 갖지 못한다.

그러니 처음에 시작하는 동기가 열등감이건 무엇이건 간에 공략해야 할 타깃이 정해져 있으면 누구나 에너지를 가득 채울 수 있다. 실제로 패배 회로를 발판으로 일어설 수 있는 사람들은 대부분 입으로는 부정적인 말을 해도 마음속까지 부정적이지는 않다. 입으로는 "내가 어떻게……" 하며 자신을 비하해도, 뇌에서는 '난 할 수 있어, 하면 돼!' 하고 완전히 다른 지시를 스스로 내린다. 입은 거짓말을 해도 뇌는 정직하다.

> 칼럼

'나도 나를 모르는' 사람들의 대표적 유형

자신에 관해 잘 모르는 사람, 즉 자기 인식이 약한 사람 가운데 자기 인식 부족이 질투가 아닌 다른 방식으로 표출되는 경우도 있다. 다음과 같은 두 가지 유형이 전형적이다.

타인을 평가하기 좋아하는 타입

온라인에서 주목 받기 위해 전략적으로 비판하는 사람이 있다. 하지만 실제 사회에서는 드물다. 그들이 타인에 관해 가타부타 말하는 이유는 관심 유도가 목적이 아니라, 자기 자신을 잘 모르기 때문이다. 자신에 관해 모르는 사람은 나 아닌 다른 사람에 관해 잘 아는 체하는 경향이 있다.

소통은 기본적으로 자기 경험을 나누면서 이루어지는데 이런 유형의 사람들은 좀처럼 자기 자신에게 눈을 돌리지 못한다. 그래서 다른 사람의 말이나 행동에 딴지를 걸고, 주위 사람이 못마땅해 짜증이 나고 흥분하게 된다. 무엇보다 '이 말을 하면 주위 사람이 화낼지도 몰라.'라는 생각을 하지 못하기 때문에 생각을 걸러내지 않고 무작정 내뱉고 본다. 이런 사람들을 상대해야 할 때는 그들에게 무슨 말을 듣건 신경 쓰지 않는 게 현명하다.

감정 기복이 심한 타입

자기 뜻대로 일이 풀리지 않으면 자존심이 상해 타인에게 공격적인 태도를 취한다. 무조건 자신이 옳다고 믿는 경우가 많아, 타인이 자기 말을 들어주지 않으면 불합리하다 느끼거나 기분이 상한다. 심지어 사고가 정지되어 그 이상 생각하지 못하게 되면 울어버리는 경우도 있다.

한편으로는 선의를 갖고 자신에게 다가오는 사람을 죄책감 없이 이기적으로 이용한다. 그렇기 때문에 이들과는 일정한 거리를 두고 관계를 유지하는 게 안전하다.

4장
매일 활력이 솟는 8가지 두뇌 습관

나이 들면
창의력이 떨어진다는 오해

| 죽을 때까지 녹슬지 않는 뇌 |

의욕이 샘솟는다는 것은 8개 뇌 영역이 골고루 발달했고 신경세포간에 정보 교환이 활발하다는 뜻이다. 발달한 뇌 영역이 늘어날수록 다양한 생각이나 아이디어가 잘 떠오른다. 한 가지 발상이 떠오르면 가지가 뻗어나가듯 또 다른 재미난 아이디어가 계속해서 생각난다. 신경세포끼리의 네트워크가 넓고 단단하게 형성되어 있을수록 재치도 뛰어나다.

거꾸로 '최근 머리가 굳었나 봐. 참신한 아이디어가 떠오르지 않아.' 하고 걱정하는 사람은 뇌가 기력을 잃었을 가능성이 높다. 새로운 인풋이 적어서 뇌의 움직임이 둔해진 것이다. 50대가 지나면 신체뿐 아니라 뇌도 삐걱거리는 것이 당연하지만, 창의적 발상이 갈수록 줄어드는 것은 나이 탓이라 치부하기 어렵다. 신경세포 사이의 네트워크는 뇌를 사용하는 한 죽을 때까지 성장하기 때문이다.

| 40대의 뇌가 가장 왕성하다 |

지금은 스마트폰 등을 통해 정보를 얼마든지 손쉽게 얻을 수 있는 시대다. 그러나 뇌 발달을 위해 뇌의 경험치를 증가시키려면 실제 체험이 중요하다.

평범하게 뇌를 사용하는 사람이라면 영감을 떠올리는 능력이 가장 뛰어난 시기가 40대이다. 청년기인 20~30대에는 의외로 발상이 적다. 뇌의 경험치가 부족하기 때문이다. 스마트폰을 보면서 정보를 모으는 것도 좋지만, 살아 있는 정보와 접촉해야 뇌의 움직임이 훨씬 활발해진다.

뇌가 활발하게 움직이는 사람은 시선 처리, 손끝의 움직임, 말투, 걸음걸이 등 모든 동작에 군더더기가 없다. 빠릿한 두뇌 활동이 행동에 그대로 반영되는 것이다. 아이디어가 차고 넘치는데 움직임이 느릿한 사람은 찾아보기 힘들다. 군더더기 없는 행동이란 비약하는 힘이다. 보이지 않던 것을 보기 위해서는 바로 눈앞에서 일어난 일을 어떻게 느끼는지가 중요하다. 거기서부터 차근차근 순서를 밟아나가는 것이다. 우선 내 주위에서 일어나는 일들을 직접 자세히 보고 듣는 것에 집중하자.

콘텐츠 시청은 큰 도움이 안 된다

| 피부로 느끼지 않으면 뇌는 둔해진다 |

요즘은 내가 직접 움직이지 않아도 얼마든지 양질의 정보를 얻을 수 있다. 하지만 실체를 수반하지 않는 정보 교환으로는 뇌가 좀처럼 성장하기 힘들다. 실제로 본 것 같은 현실감이나 생생한 느낌이 없으면 뇌에서 제대로 이해하지 못한다.

해외 뇌 연구 보고서에 따르면, 갓난아기가 실제 엄마와 화면 속 엄마를 보았을 때 후자의 경우 뇌의 이해 영역에서 반응이 전자보다 약하게 나타났다. 이것은 실제 모습이 뇌의 이해도를 높인다는 반증이라 할 수 있다. 최근 온라인을 통한 진료나 강의 등이 높은 편의성과 접근성으로 인기를 얻고 있지만, 직접 자극을 주고받는 행위가 결여되어 있다는 단점이 제기되고 있다. 인간은 물리적으로 접촉하지 않더라도 실제 모습을 보고 마주하는 것만으로도 상대에 대한 정보를 얻을 수 있다.

인터넷이나 텔레비전 등에서 보여주는 내용을 금방 이해할 수 있지만, 그렇다고 해서 뇌가 활성화된 상태인 것은 아니다. 사실 뇌는 초점 잃은 눈에다 한 귀로 듣고 다른 귀로 흘리는 흐리멍텅한 상태에 있다. 화질이 실제로 보는 것만큼 아무리 선명해져도 마찬가지다. 실제 체험과 콘텐츠를 통한 간접 경험은 흡수의 측면에서 뇌에 입력되는 정보의 질이 완전히 다르다.

|뇌를 활성화시키지 못하는 미디어의 한계|

언젠가 내가 출연한 라디오 프로그램을 다시 들어보았을 때 이를 절감했다. 녹음된 목소리가 예상한 것과 달라서가 아니다. 현장에서 아나운서가 내뿜은 에너지나 대화를 나누면서 받은 인상, 공간에서 느껴지던 분위기가 온전히 담기지 못했기 때문이다.

이 같은 이질감은 모든 미디어의 콘텐츠가 갖는 한계이다. 현장의 소음, 공간의 분위기나 열기 같은 정보가 매체를 통과하면서 은근슬쩍 떨어져 나간다. 사람과 사람이 소통할 때도 화상 통화보다는 직접 만나서 이야기해야 그 사람에 대해 훨씬 잘 이해할 수 있다. 실제 만남을 통해야 뇌가 강하게 자극을 받고 그만큼 이해하려는 의지도 증대되는 것이다.

다큐멘터리 영화도 마찬가지다. 영화는 효율을 높이기 위해 정보를 압축해서 스토리를 정리해준다. 하지만 현실에서 당신이 주인공과 같은 경험을 겪는다면 어떻겠는가? 영화를 본 것과는 전혀 다른 감각을 느낄 것이다. 미디어

생생한 정보가 뇌의 경험치를 높인다

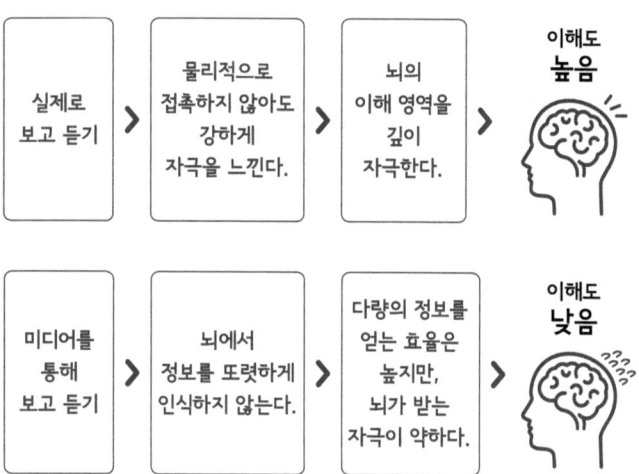

콘텐츠가 새로운 경험을 습득하기에 편리하고 효율적인 수단인 것은 분명한 사실이다. 하지만, 실제로 경험할 때 느끼는 것에 비해 자극은 덜하다. 아무리 많은 여행기를 집중해서 읽는다 해도, 감동이 직접 그곳에 가보는 것만 하겠는가? 뇌를 깊게 자극하기 위해서는 직접 보고 듣는 체험을 통해 경험치를 쌓는 일이 중요하다.

일상에서 행동력을 키우는 요령

|움직일수록 몸이 가벼워지는 이유|

무기력한 사람의 입장에서는 아무리 작은 행동이라도 움직인다는 것이 정말 부담스럽다. 뇌의 특성상 움직일수록 움직이는 게 편해지고, 움직이지 않을수록 움직이는 게 힘들기 때문이다. 평소에 교류할 일이 없는 사람은 사람들과 만날 때 굉장한 에너지를 써야 한다. 반면 새로운 사람을 만나는 일이 일상인 사람은 뇌에서 별 부담을 못 느낀다. 출장이 잦은 사람은 사무실에서 내근만 하는 사람보다 한 번의 출장으로 얻는 피로감이 적다. 행동량이 늘수록 한 번 행동하는 데 드는 에너지가 상대적으로 줄기 때문에 활동에 대한 부담이 덜하다. 뇌가 미리 준비 태세를 갖추고 있어 쉽게 움직일 수 있어서다.

규칙적인 생활에 변화가 필요할 때

행동력을 높이기 위해 가장 먼저 할 일은 평소 생활습관을 바꾸어 곳곳에 '시간의 균열'을 만드는 것이다. 보통 사람은 매일 같은 시간에 출퇴근한다. 이렇듯 매일 똑같은 시간에 같은 일을 하면 뇌가 새로운 자극을 받기 힘들다. 물론 규칙적인 생활을 하는 게 바람직하지만, 건강에 무리가 가지 않는 선에서 패턴을 조금씩 바꾸어보는 것이다.

가령 출근 전 가볍게 조깅을 한다거나 명상을 하는 등 하루를 시작하는 행위를 바꾸면 점심시간에 달라진 내 모습을 보게 될지 모른다. 또 같은 일을 하더라도 시작 시간과 끝나는 시간을 정해놓고 신경 쓰면 뇌 기능도 활성화된다.

뇌는 "제자리에, 출발!" 하고 명령이 내려졌을 때 가장 긴장하며 힘을 쏟아낸다. 제한 시간이 없거나 활동 시간이 막연하면 자신은 깨닫지 못해도 모든 뇌의 작용이 대체로 둔해진다. 그러니 마감 시간뿐 아니라 시작하는 시간도 정해둘 필요가 있다.

일에 시간이 정해져 있으면 집중력이 생겨 (각성 레벨을 높여) 하루에 많은 양의 일을 처리할 수 있는 뇌와 몸이 만들어진다. 하루의 시간을 어떻게 사용하느냐에 따라 뇌의 성장 속도와 수준이 달라진다.

| 휴일은 계획적으로 |

뇌의 성장은 일상을 보내는 방식에 좌우되는 경우가 많아서 거의 시간과 맞바꾸는 것이라 해도 좋다. 에너지 넘치는 사람은 하루 활동량이 많아 움직이는 만큼 뇌가 발달한다. 한편 무기력한 사람이 갑자기 행동량을 늘리려고 하면 버겁다. 우선은 쉬는 날 어떻게 시간을 쓸지 계획해두면 도움

이 된다.

휴일에는 이 일 저 일 미뤄둔 온갖 일을 한꺼번에 끝내야 한다는 부담감에 생각만 하다가 결국 아무것도 시작하지 못하고 멍하니 있다 해가 저무는 경우가 많다. '그렇잖아도 일주일 동안 피로가 쌓였는데 쉬는 날까지 제약받고 싶지 않다.' '주말인데 아무것도 안 하면 좀 어때.'라고 뇌의 사고 영역이 멋대로 판단해버리기 때문이다. 이러한 의지박약을 극복하기 위해서는 아침부터 밤까지 무엇을 할지 하루 일정을 계획하는 게 좋다. '이것들을 모두 완료하면 자유다!'라는 생각에 제법 빠릿하게 움직일 것이다. 사고 기능을 담당하는 뇌 영역은 목표가 있으면 저절로 움직인다.

물론 쉬는 날에는 아무런 계획 없이 쉬어도 되지만, 휴일을 활용하면 의욕을 샘솟게 하기 좋다는 말이다. 일을 척척 마무리 짓지 못하면 자유시간이 줄어들게 되므로 필사적으로 움직일 테니까. 도저히 감당할 수 없으면 어쩌냐고? 그때는 잠시 멈추어 일정을 재정비한 후 다시 시작하면 된다.

인풋을 늘리는 지름길

| 유행에 민감해지기 |

유행에 민감한 사람들이 느끼는 호기심이나 관심은 뇌에 탄력을 불어넣는다. 정보를 받아들였을 때 '굉장하다!' '우와, 어떻게 이런 일이!'라는 식으로 감탄하면 신경세포끼리 주고받는 정보 교환량이 갑자기 치솟는다. 이때 어떤 인상을 받느냐에 따라 시간이 지나고 기억 영역에서 끄집어내는 반응이 완전히 달라진다. 이렇듯 의욕과 에너지가 넘치는 사람들은 지속적으로 유행에 관심을 쏟음으로써 뇌를

성장시킨다. 이들에게는 관심을 오래 끌고가는 힘도 있다.

|낯선 것에 흥미를 갖기 어려운 이유|

인풋을 늘리고 싶다면 유행에 관심을 가지는 게 제일 효과적이다. 그러나 새로운 이것저것에 몰두해야 하므로 무턱대고 도전했다가는 상당한 피로감만 든다.

인간은 자신이 이미 알고 있는 정보에는 쉽게 흥미를 느끼지만, 미지의 정보에는 좀처럼 흥미를 붙이기 어렵다. 자신과 접점이 전혀 없는 뉴스를 읽을 때 지루하지 않은가? 이미 알고 있는 내용의 연장선인 정보를 받아들이기는 편하지만, 완전히 새로운 정보를 받아들이려면 에너지가 들기 때문이다(그 귀찮음이 뇌를 한층 성장시키지만 말이다).

연예인이 화보를 찍으면 뉴스 기사에 실리고 세간의 관심을 사는 이유가 사진의 주인공이 대중에게 친숙한 유명인이라서다. 아무리 미모가 뛰어나다 해도 처음 보는 사람의 화보집을 돈 주고 사서 감상할 사람은 적지 않을까.

기억은 흥미를 부른다

사람은 보통 한 번 만난 사람을 다시 만나면 지난번 만남에서의 일을 한동안 머릿속에서 되새긴다. 이미 알고 있는 내용을 한 번 더 확인하는 것은 기억 메커니즘과 관련 있다. 기억을 담당하는 영역이 새로운 경험을 입력하기 위해 관련된 과거의 기억을 불러내려고 한다. 그러다 과거의 기억과 맞닿은 끈을 발견하면 흥미가 생긴다.

불러낼 수 있는 기억이 많다는 것은 그만큼 흥미를 느낄 수 있는 연결고리가 많고, 보다 넓은 세상을 바라보며 살아갈 수 있다는 의미다. 반면 불러낼 기억이 적은 사람은 기억 기능이 약하거나 지금까지 저장해놓은 데이터가 적은 것이다. 무기력하거나 의지가 약한 사람 대다수가 이 유형에 해당한다.

별 것 아닌 일도 즐기려는 마음가짐

이렇게 말하면 '유행에 민감해지고 싶다고 누구나 할 수 있는 게 아니구나.'라며 겁내는 사람이 있다. 그런 사람은 우선 재미를 붙여야 한다. 활동적인 사람은 '인생을 즐겁게 만들자!' '재미나게 살자!' '부자가 되자!'라는 식으로 만족도가 높은 쪽을 추구하는 신경 회로가 생성되어 있다. 자기 안에서 좋고 싫음의 안테나가 작동하기까지는 '지금 이것을 하면 앞으로 재미난 일이 일어날지도 몰라' 하고 상상하는 습관을 길러야 한다. 그러면 뇌를 단련하고 유행에 민감한 회로를 만들기 쉽다. 일단 즐기겠다는 목표가 있으면 평소 하는 말과 사용하는 어휘 선택도 달라진다. 반드시 그런 것은 아니지만 대부분의 경우 무기력한 사람과 대화를 하면 재미가 없고 덩달아 맥이 풀리는 반면, 활기찬 사람과는 평범한 이야기를 해도 웃음이 나고 다음 내용이 궁금해진다.

예를 들어 일본에서 국민 코미디언 중 한 명으로 손꼽히는 아카시야 산마는 자신이 진행하는 토크쇼에 게스트가 독특하거나 개성 넘치는 복장과 헤어스타일로 등장하면 이를 개그의 소재로 삼아 재미를 선사한다. 그러면 상대도 재미난 표현으로 맞받아치며 반응한다. 이것이 바로 사소한 일에도 흥미를 느끼려는 '태도'가 주는 효과다. 결국 의지의 문제인 것이다. 재미를 느끼고 관심을 가지려는 마음가짐으로 세상을 본다면 세상의 변화를 읽고 트렌드를 따르는 과정이 그렇게 버겁지 않을 것이다.

타인에게 전염되라

| 센스 있는 사람 따라하기 |

의욕이 없는 사람은 계기가 없으면 행동에 선뜻 나서지 못한다. 그럴 때는 우선 가까운 제삼자를 무작정 따라하다 보면 다음 행동을 취하기 쉽다. 사람들과 교류하면서 얻는 '전염'의 힘은 놀랍도록 강력하다.

옷 잘 입는 사람과 만나다 보면 패션 감각이 좋아지거나 멋 부리는 데 관심을 갖게 되는 경우가 있다. 미적 감각에 관해서는 아직까지 뇌의 어디에서 관여하는지 분명하게 밝

혀지지 않아 그 비밀을 연구하는 학자가 많다. 나는 뇌의 시각 영역과 더불어 감정 영역과도 연관성이 있다고 본다. 패션 감각에는 단순 시각적 요인뿐 아니라 무언가를 좋아하는 감성도 내재되어 있다. 그러니 함께 어울리다 보면 그 사람의 감성도 전염되는 것이다.

주변에 옷을 잘 입거나 스타일이 좋은 사람이 없다면 SNS에서 찾아보아도 좋다. 중요한 것은 '내가 어떤 모습이길 바라는가?' 혹은 '남들에게 어떻게 보이고 싶은가?'에 대한 욕구를 품는 것이다. 자기 모습에 빗대어 볼 줄 모르면 전염력이 약해진다.

중심축이 생기면 전체상이 보인다

전염되는 대상이 구체적인 특정 작품이어도 상관없다. 이를테면, 모차르트에 한번 심취했던 사람은 관심이 전혀 없던 베토벤이나 쇼팽의 음악을 들어도 훨씬 쉽게 이해할 것이다. 소설도 마찬가지다. 좋아하는 작가의 작품을 모조리

읽다 보면 언젠가 다른 작가의 작품에서 묻어나는 매력도 발견할 수 있는 감각이 길러진다.

이렇게 한 사람의 작품을 깊이 들여다보면 내면에 중심축이 생긴다. 즉 자신이 모방한 대상이 지금껏 해온 방식을 기준으로 삼고, 다른 예술가와 작품을 그와 비교해 객관적으로 이해하고 받아들일 수 있게 된다. 이 과정에는 사고 영역의 '비교하여 판단하는' 기능이 작용한다.

처음부터 모든 작품을 백지 상태에서 접근하여 균등하게 관찰하기보다는, 단편적으로라도 어느 하나에 깊이 빠져드는 것이 좋다. 그런 다음에 그것과 연관되거나 같은 분야에 있는 것에 접근하면 받아들이기가 수월하고, 전체적인 시야도 자연스레 넓어진다. 즉, 한번 전염되는 순간 고구마 덩굴이 뻗어나가듯 술술 이해할 수 있다. 교양을 습득하고 싶다면서 개요만 주야장천 파고드는 방식은 얼핏 효율이 좋아 보이지만 장기적으로 보면 사실 효율이 떨어지는 방식이다.

한 명으로도 새로운 세계가 열린다

자신과 일하는 분야가 다른 사람을 보는 것만으로도 시각이 확장된다. 나는 젊었을 때 외국에서 생활했는데, 같은 직종에 종사하는 의사만 만나서인지 대화 내용이 늘 비슷비슷했다. 그러던 어느 날 노벨상을 받은 과학자를 만나 이야기를 나눴는데 생각하는 방식이나 보는 시각이 완전히 다르다는 점에 충격을 받았다. 학회에서 발표할 때 의사는 주로 결과에만 치중한다. 한편 과학자들은 그것을 만들어낸 장치나 과정 등에 관심이 있었다. 방법이 바뀌면 답도 달라지기 때문이다. 매번 피검자가 같아도 통과하는 필터를 바꾸면 결과도 바뀐다. 착안점이 완전히 달랐다. 줄곧 연구 시설에 갇혀 파고든 끝에 세계적인 과학적 발견이나 사상을 만들어내는 과학자들과 함께 있으면 그들이 속한 세계의 진지한 철학적 고민에 전염되었다.

이렇게 직업적으로 몸에 익은 태도나 사고 습관에는 일정한 성향이 녹아 있는데, 다른 분야의 사람들과 교류하면 새로운 행동방식이나 세계관을 습득할 수 있다. 한 사람을 알면 전체를 알기 시작한다. 새로운 세계를 알고 싶다면 누군가 한 사람에게 전염되어라.

- 평소 옷을 잘 입는 사람을 관찰한다.
⋯▶ 덩달아 옷에 관심이 생기고 패션 감각이 좋아진다.

- 좋아하는 가수의 노래를 많이 듣는다.
⋯▶ 다른 가수의 노래에서도 색다른 매력을 발견하게 된다.

- 다른 직업에 종사하는 사람의 이야기를 듣는다.
⋯▶ 나와 다른 사고방식과 시각을 통해 넓은 세계를 경험할 수 있다.

그 한 사람의 특징이나 성향을 파악하면 그가 속한 세계를 바라보는 시각이 넓어지므로 내 머릿속에서 이해의 범위가 덩굴처럼 늘어난다.

이야기에 힘이 실리는 3가지 기술

| 말의 속도를 빠르게 |

의욕 없는 사람이 하는 이야기에서는 진정성을 느끼기 어려울 때가 있다. "이것은 말이죠… 나도 잘 모르지만, 그게… 저…"라는 식으로 말을 이어가는 사람 본인도 무슨 말을 하려는지 모르는 것 같다. 행동 에너지가 넘치는 사람은 뇌의 사고 영역과 전달 영역이 발달해 말하는 속도가 빠르다. 뇌의 사고 기능이 뛰어나면 자기주장이 분명하고 뇌가 유연하게 작동하며, 뇌의 전달 기능이 뛰어나면 생각이나

의견을 표현할 단어가 금방금방 튀어나오기 때문이다.

  뇌의 전달 기능이 뛰어나 말의 속도가 빠른 사람이 있는가 하면, 상대의 말에 맞추기만 하는 사람도 말하는 속도가 빠르긴 마찬가지다. 후자의 경우 말을 도저히 맞받아칠 수 없을 때 어물쩍거리며 넘기기 위해서다. 물론 불안한 마음에 자주 넘겨짚기 때문에 금방 탄로 나고 만다.

  말하는 속도가 느려서 고민이라면 우선 상대의 말을 따라한 다음 자기 의견을 말하자. 그러면 주제에서 벗어나지 않고 의견을 정리하며 전달할 시간을 벌 수 있다. 대화의 흐름도 자연스러워진다. 성격이 급한 사람이 아니라면 대부분의 대화에서 써먹을 수 있는 효과적인 방법이다. 또 예리한 사람과 이야기하다 보면 본인 또한 덩달아 예리해지는 부분이 생긴다. 말하는 사이에 내 안에 숨어 있던 에너지를 상대가 끄집어내준 덕분이다.

| 다양한 의견을 내는 4가지 관점 |

두뇌 활동이 활발한 사람의 대화를 듣다 보면 "그런가요? 그럼 이건 어때요?"라는 식으로 말한다는 점을 발견할 수 있다. 이 말투는 상대에게 동조하면서도 각도를 살짝 틀어 새로운 의견을 제시하는 대화 방식이다. 일방적이지 않고 다양한 측면에서 이야기가 오갈 수 있어 새롭게 발견하게 되는 내용들이 많아진다. 새로운 시각이 계속 생기므로 이야기가 풍부해지고 대화의 질이 점점 높아진다.

예를 들어 "나는 추위를 많이 타서 추운 곳에는 가기 싫습니다."라고 말하는 사람이 있는데 상대가 "네, 그러시군요."라고 무미건조하게 그대로 받아넘기면 이야기는 더 이어지지 않는다. "추운 곳이기는 하지만, 호텔에서 즐기는 행사니까 괜찮을 거예요."라던가 "올겨울은 따뜻하다니까 한결 지내기 편할 거예요. 오히려 눈이 많이 내리지 않아서 걱정하는 것 같던데요." 등 여러 측면을 보고 있는 사람은 자신의 말을 전하는 데 설득력 있는 재료를 여러 개 꺼낼 수 있다. 이처럼 상대 의견에 자기 의견을 끊임없이 낼 수 있는 것은 뇌가 활발하게 움직이고 있다는 증거다. 들은 말을 곱씹어 다각적으로 생각하는 능력이 있는 것이다.

  비즈니스에서 제안을 할 때는 상대에게 다각적인 선택지를 제공할 수 있느냐 없느냐에 따라 제안의 수준이 달라진다. 나는 한 가지 사안에 대해 4가지 관점에서 의견을 내도록 트레이닝한 적 있다. 4가지 관점이란 정반대 입장인 180도 의견, 완전히 동조하는 0도 의견, 중립을 지키는 90도 의견, 비판적이되 객관적으로 판단하는 270도 의견이다. 지금도 대화할 때면 늘 이를 의식한다. 이 습관은 의사로서 병을 진단할 때 무언가 간과하거나 의견이 편중되는 일을 막고 뇌 과학자로서 의사 표현을 해야 할 때 매우 도움이 된다.

| 상대의 그림을 공유하는 대화 |

위화감 없이 서로를 이해할 수 있는 관계는 매우 안정적이다. 그러기 위해서는 단어를 적확하게 사용해야 할 뿐 아니라 상대가 전하려는 말의 의미가 제대로 공유되어야 한다. 좌뇌의 언어화 기능이 뛰어난 사람은 불확실한 정보가 들어오면 바로 알아차리고 '이건 이해하기 힘든데, 정보를 좀 더 찾아봐야 하지 않을까?' 하고 확인과 검증을 시도한다. 이는 훌륭한 능력이지만, 단순 사실 확인 혹은 내용 부족을 알아차리는 능력과 상대가 그리는 이미지를 정확하게 파악하는 능력은 다르다.

말하고자 하는 바, 즉 머릿속에 있는 이미지를 언어로 전달하는 게 훨씬 어려운 능력이다. 살아온 배경이 비슷하거나 서로를 잘 알고 있는 경우일수록 이미지를 공유하기 쉽다. 뇌의 시각 영역이 발달한 사람은 공유하고 있는 정보가 적어도 상대의 의도를 쉽게 알아차린다. 섬세하고 예리하게 보기 때문에 상대가 말하는 내용을 짐작해 같은 생각을 공유할 수 있다. 추상적인 이미지를 구체화시키며 이야기하는 연습을 하면 상대가 어떤 생각을 하는지 맞힐 확률이 높아진다.

뇌 기능을 분산시키는 이중 나선 사고

| 정체기를 맞았을 때 대처법 |

정신이 맑지 않다고 느낄 때는 하던 일을 잠시 멈추고 다른 것을 하는 게 좋다. 나는 보통 여러 개의 논문을 동시에 작성한다. 하나의 논문에 심혈을 기울여 쓰다가 글이 막히는 순간 다른 논문으로 갈아탄다. 집중하고 있던 일이 더 이상 진행되지 않고 정체기를 맞았을 때 안 되는 것을 계속 붙들고 있지 않아도 되기에 시간과 에너지를 효율적으로 사용할 수 있는 방법이다. 뜻대로 흘러가지 않는 일에 하염없이

매달려 있으면 의욕만 더 떨어질 뿐이다. 활동적인 사람은 대체로 여러 개의 계획이나 일정을 오가며 소화한다. 여러 나무를 오가며 끊임없이 물을 주면 자연스레 계속 움직일 수 있는 동력이 지속된다.

쉬지 않고 움직이다 보면 언젠가는 넘어지기도 한다. 아이디어가 고갈되거나 흥미를 잃어 집중하지 못하고 슬럼프가 온다. 그때 자기 두뇌가 지쳤음을 깨닫는 것이 매우 중요하다. 잠시 다른 길을 따라 달려가면 된다. 나는 이것을 '이중 나선 사고'라 부른다(경우에 따라서는 삼중, 사중 나선이 되기도 한다).

어떻게 바로바로 뇌의 스위치 전환이 가능하느냐고 의문을 가질 수도 있지만, 일단 해보면 가능하다. 두세 가지 일을 동시에 하다 보면 다양한 지식이 쌓일 뿐 아니라, 뇌가 쉬지 않고 활동함으로써 여러 기능을 한꺼번에 발달시킬 수 있다. 따라서 원래 하던 일에 브레이크가 걸린 상태라면 다른 쪽으로 재빨리 방향을 트는 게 이득이다.

| 이중 나선 사고의 원리 |

이중 나선 사고가 가능한 이유는 뇌에서 여러 작업을 동시에 하는 '다중 작업(multi-tasking)'과 현재 하는 일을 계속하면서 다른 일을 실행하는 '후면 작업(background job)'을 해주기 때문이다. 말하자면 컴퓨터 운영 체제인 윈도우(windows)에서 멀티윈도우(화면 하나에 두 개 이상의 기능을 동시에 병행하는 기능-옮긴이) 기능과 같다. 하나의 작업창이 돌아가는 동안 다른 작업창이 운영되는 시스템인 것이다. 이런 기능을 담당하는 곳이 뇌의 기억 영역에 있는 해마와 소뇌이며, 그 기능을 세분화하면 다음과 같다.

(1) 경험한 정보를 뇌에 입력하는 기능
(2) 일시적으로 정보를 보호하고 유지하는 워킹 메모리
  (작업기억, working memory) 기능
(3) 장기기억으로 전환하는 기능

예를 들어 누군가와 식사하며 대화하는 중 상대로부터

"어제 저녁에 뭐 먹었어?"라는 질문을 들었을 때 (1)경험한 정보를 뇌에 입력하는 기능이 작용한다. 이를 인지한 후 "스테이크 먹었어. 오늘은 뭘 먹을까?" 하고 답할 때는 (2)에 해당하는 워킹 메모리 기능을 통해 상대의 질문 내용을 일시적으로 기억한다. 이렇게 두 기능이 다중 작업을 가능하게 한다. 그리고 시간이 흘러도 두 사람이 나눈 대화를 기억하고 있다면 (3)의 후면 작업 기능을 통해 작업기억이 장기기억으로 바뀐 것이다. (3)의 기능이 없으면 다음날 대화 내용을 기억하지 못한다. 이 기능을 사용함으로써 효율적으로 무의식중에 생각을 숙성시켜주는 이중 나선 사고가 가능하다.

| 몸이 열 개라도 모자랄 땐, 해마 발달 |

편집자와 책에 대해 이야기를 나누며 머릿속으로 '이 편집자가 과연 책을 잘 만들어줄까?' 의심하는 것은 해마를 중심으로 한 워킹 메모리의 기능이다. 우리는 다른 사람과 이야기를 나누는 중에 머릿속으로 다른 생각을 할 수 있는 기억 체계를 갖추고 있다. 후면 작업 기능은 그곳에서 일어난 일을 뇌에 정착시키는 역할을 한다. 이로써 무의식중에 과거의 사건을 되새기고 필요에 반응해 무언가 돌연 떠올린다. 그러므로 뇌의 경험치를 끌어올리기 위해서는 여러 일에 도전하는 게 좋다.

나는 의사로서 진료를 보고 뇌 과학자로서 연구를 하고 회사를 경영하고 있으며, TV와 라디오에도 출연한다. 여러 일에 발을 담그고 있지만, 영역이 달라 한꺼번에 감당할 수 있다. 이런 식으로 뇌 기능을 쪼개 활용하면 시간적으로 빠듯한 일정도 효율적으로 소화할 수 있다. 내게 특별한 능력이 있어서가 아니다. 평범한 누구나 가능한 일이다.

두뇌의 움직임이 활발한 사람은 후면 작업과 동시에 대화가 가능하다. 이것이 불가능해지면 알츠하이머형 치매의 징후를 의심해봐야 한다. 현실 세계와 생각을 연결하는 중요한 뇌 기관인 해마가 위축되어 후면 작업을 못 하면 현실을 인식하지 못하고 멍하니 허공만 보게 된다.

사고가 자주 정지된다면, 정리하는 습관

| 뇌를 정리정돈하기 |

사람은 익숙하지 않은 일에 사소한 변수라도 생기면 즉시 사고가 정지된다. 트러블이 생겼을 때 머릿속이 새하얗게 되는 것이 걱정인 사람에게는 방 정리를 추천한다. 자주 패닉 상태에 빠지는 사람 중에 정리정돈이 서툰 경우가 많다. 정리정돈을 귀찮아하는 사람도 같은 경향을 보인다. 대개 청소를 잘 못하거나 책상 위를 난잡하게 어질러놓는 사람은 사고 정지에 빠지기 쉽다. 그런 사람의 머릿속은 다음과

같다.

- 상황을 카테고리별로 구분 짓지 못한다.
- 의미를 부여하지 못한다.
- 상황을 배열하지 못한다.

정리를 잘 못하는 이유는 공간을 파악하고 체계화하는 능력이 떨어지기 때문이다. 새로운 정보를 듣거나 눈앞에서 일어난 일을 보아도 머릿속에 있는 기존 정보와 어떻게 연결고리를 맺어야 할지 즉각적으로 떠올리지 못한다.

| 당황하지 않는 뇌 |

MRI로 뇌를 들여다보면 자주 혼란스러워하고 불안해하는 사람과 정리정돈이 서툰 사람은 공통적으로 뇌의 두정엽(정수리 쪽 대뇌 피질)에 있는 이해 영역이 선명하지 않다. 이들은 평소에 정리정돈하는 습관을 기르면 당황하지 않는

뇌를 만들 수 있다.

옷장을 정리한다고 가정하자. 양말과 속옷, 모자들이 여기저기 흩어져 있다면 마음에 드는 것을 고르기는커녕 어디에 있는지 찾아내느라 시간을 허비할 것이다. 하지만 양말은 이쪽, 속옷은 저쪽, 모자는 또 다른 쪽에 두는 식으로 카테고리별로 나누어 정리하면 최소한 양말은 양말 코너만, 속옷은 속옷 코너만 보고 찾을 수 있다. 배치하는 순서도 의미를 부여하면서 '상체에 입는 옷은 선반 위에 두기'와 같이 정해놓으면 모자는 선반 위쪽, 속옷은 중간, 양말은 아래쪽으로 자연스레 자리를 잡는다. 각 구역 내에서 마음에 드는 옷부터, 계절 혹은 용도별로 알기 쉽게 배열할 수도 있다.

기준이 무엇이든 세심하게 방을 정리하는 습관 하나로 뇌 기능을 개선할 수 있다. 아무때나 필요한 순간에 카테고리화, 의미 부여, 상황 배열이 가능해진다.

치우지 못하거나, 버리지 못하거나

정리정돈이 서툴다는 것은 크게 두 가지 유형으로 나뉜다. 치우지 못하거나 버리지 못하거나 둘 중 하나다. 치우지 못하는 사람은 주위 사람이 뭐든 대신 해주기 때문에 본인이 스스로 치운 경험이 없는 경우가 많다. 그러다 보니 뇌의 시각, 청각, 그리고 운동 영역이 발달되지 못한 것이다. 이러한 사람은 시간은 시간대로 허비하며 행동 스위치를 켜지 못할뿐더러 막상 무언가 시작해도 금방 혼란에 빠진다.

한편 버리지 못하는 유형에는 치우지 못하는 유형과 달리 몸을 가볍게 잘 움직이는 행동파 사람이 많다. 정리하는 능력이 없다기보다 치울 생각이 없거나 시간이 없어서 못 치우는 경우가 있다. 그래서 문제가 생겼다고 해서 바로 혼란스러워하거나 불안해하지 않는다. 단지 추억에 집착하거나 편집증적인 성향을 보인다. 이 경우 뇌의 사고, 기억, 감정, 전달 영역의 기능이 약하다. 나도 직접 쓴 손 편지를 받으면 좀처럼 버리지 못한다. 사람의 애정과 정성이 녹아든 것을 소중하게 여기고 오래 간직하고 싶다는 의식이 강해서다. 버리지 못하는 사람은 가치가 병렬적으로 늘어선 상황 중에서 하나를 선택해야 할 때 매우 난감해한다. 열 가지 메뉴 중에서 하나만 고르라고 하면 상당히 고민한다. 이러한 사람은 구체적으로 비교할 기준을 세워야 한다.

미니멀리스트에 속하는 사람들은 선택 능력이 굉장히 뛰어나다. 필요 없다고 판단한 물건은 매몰차게 내다 버리거나 처음부터 집에 들여놓지 않는다. 이런 식의 철저함은 명확한 기준이 없으면 좀처럼 갖기 어렵다. 우선 뇌의 사고 영역을 발달시켜 무엇이 필요하고 필요 없는지 비교하고 판단하는 힘을 길러야 한다. 그리고 그것을 언어로 설명할 수 있도록 뇌의 전달 영역을 발달시켜야 혼란에서 탈피할 수 있다.

칼럼

후발주자가
되지 마라

세계 어느 누구도 하지 않은 일을 성취하려고 마음먹었다면 함께 할 동료를 열 명씩 찾을 필요 없다. 혼자 하면 된다. 여러 명이 모여 서로 자극을 주고받는다고 기발한 아이디어가 탄생하지 않는다. 여럿이 머리를 맞대는 것보다 의외로 단 한 명의 발상이 돌파구를 찾을 수 있다.

가장 처음 발견한 사람이 가장 방대한 정보량을 갖는다. 최초로 성공한 사람의 우위성은 여간해서는 무너지지 않는다. 뒤따르는 사람들은 모두 처음 발견한 사람의 정보를 바탕으로 추가해나가기 때문이다.

예를 들면 노벨상을 수상한 연구를 했다고 할 때, 후발자는 최초 연구자의 선행 연구를 인용하기 마련이다. 그 사람의 발견이 있었기에 비로소 자신의 연구가 성립될 수 있기 때문이다. 한편 최초 발견자는 '아, 저 사람은 지금 이런 생각을 하고 있구나.' 하고 다른 사람의 머릿속을 높은 곳에서 꿰뚫고 있다. 아무리 멀리 뻗어나간다 해도 사고 체계가 훤히 보인다. 반면 아래에서 따라가는 사람은 정보를 모으기도 힘들고 통합하기도 어렵기 때문에 최초 발견자의 수준에 못 미친다.

그러므로 같은 일을 하더라도 타인의 성과 위에 자신의 성과를 덧붙이기보다 처음에는 험난할지언정 백지에서부터 만들어가는 게 현명하다(노벨상을 노릴 만한 일이라면 현실적으로 불가능하겠지만). 이미 누군가가 업적을 내놓았다 해도 안이하게 그것에 편승하지 말고 스스로 성과를 내도록 하자. 스스로 행동한 경험과 만들어낸 사고 경로를 통해 타인의 생각을 한눈에 파악할 수 있을 만큼 시야가 넓어질 수 있다. 다른 사람으로부터 입수한 정보도 자신이 납득할 수 있도록 재조합하기까지는 덥석 받아들이지 말아야 한다. 자기 체험과 논리를 만들어가는 게 무엇보다 중요하다. 일이건 연구이건 늘 따라가는 위치는 불리하다. 첫걸음부터 스스로 체계화하는 작업을 연습하자.

5장
뇌의 과부하를 해소하는 신체의 비밀

뇌 에너지는 신체를 통해 발현된다

| 의지대로 움직이는 몸 |

우리가 운동하는 이유 중 하나는 몸을 유연하게 움직일 수 있도록 근육을 키우기 위해서다. 신체 움직임이 자유로우면 의욕이 솟는다. 아무리 뛰어난 두뇌를 타고났어도 그것을 표현할 신체가 뒷받침되지 않으면 의미가 없다. 입으로 표현하건 눈으로 보건 명석한 두뇌는 결국 신체를 통해서 써먹을 수 있기 때문이다. 그래서 뇌의 운동 영역과 신체 근육을 강화하는 훈련이 동시에 필요하다. 운동을 하지 않

는 사람 혹은 운동신경이 둔한 사람은 뇌도 둔해지기 쉽다. 뇌의 운동 영역에 자극을 주기 위해서는 몸을 어떻게 움직일지 계획하고 그에 따라 실제로 움직여야 효과가 가장 크다. 신체를 단련하지 않고는 뇌의 운동 영역이 성장할 수 없어 걸음마 수준의 작은 움직임만 되풀이하게 된다.

다리 힘을 기르는 걷기 운동

운동신경을 평가한다는 것은 단순히 단거리 달리기 속도가 빠른지 느린지를 가르는 게 아니다. 운동신경이 둔하다고 하면 대개 하반신을 이용하는 저중력 운동을 못한다고 생각하는 사람이 많은데 그건 잘못된 상식이다. 우리 몸에는에는 다리뿐 아니라 손가락 끝을 사용하는 신경도 있고 입술이나 눈꺼풀을 움직이는 신경도 있다. 동작이 크든 작든 이 모든 신체의 움직임은 운동신경을 매개로 일어난다. 트럼펫이나 플루트를 불고 피아노를 잘 치는 사람은 달리기가 빠르진 않아도 손을 정교하게 움직이는 운동신경이 발달했다. 손가락 하나 까딱하는 것조차도 달리기를 하는 것과 마찬가지로 뇌의 운동 영역에서 해당 근육으로 적절하게 아웃풋을 해주어야 가능하다. 따라서 한 가지 동작에 능숙하지 못하다고 해서 모든 운동신경이 둔하다고 할 수 없다. 중요한 것은 통합적으로 얼마나 산소 효율을 높이면서 몸을 이용할 수 있느냐이므로 손가락, 다리, 입, 눈 등 몸의 각 부위를 골고루 사용하는 게 좋다.

그렇다면, 평소에 몸을 쓸 기회가 적은 사람은 어느 부분부터 단련해야 좋을까? 처음에는 하체다. 그중에서도 다리 근육을 기르면 좋다. 다리에 힘이 생기면 행동하는 속도가 빨라지고, 걸음이 빠르면 뇌에 에너지가 생성된다. 또 오른발을 올리면 좌뇌의 전두엽(이마 쪽 대뇌 피질)을, 왼발을 올리면 우뇌의 전두엽을 자극하므로 뇌를 균형 있게 사용할 수 있다. 일상에서 누구나 쉽게 할 수 있는 운동으로 경보를 추천한다.

빨리 걷기만 해도 나른한 일상이 달라진다

| 왜 늘어지는가 |

속도는 에너지의 근원이다. 우리 몸은 걸을 때 넘어지지 않도록 균형을 잡기 위해 뇌 내부의 깊숙한 곳에 위치한 대뇌 기저핵을 사용한다. 대뇌 기저핵에는 의욕, 흥분, 열정 등을 관장하는 도파민이 분비되므로 이곳을 자극하면 자연스레 의지가 차오른다. 그래서 걸으면 기력이 생기는 것이다.

평소 운동을 안 하는 사람이라면 출퇴근 할 때 매일 일정 시간 걷는 일이 굉장히 요긴한 훈련이 된다. 행동반경이 좁아지거나 움직이는 속도가 느려지면 뇌 기능도 급격히 떨어진다. 날마다 정해진 시간에 출근하다 갑자기 출근 시간이 자유로워지면 자기관리가 철저한 사람 외에는 대부분 뇌가 둔감해진다. 전반적으로 행동 속도가 떨어질 뿐 아니라 기억 영역에 위치한 해마가 작용하기 어려워지기 때문이다. 해마는 시간에 의존하는 성질이 강해서 시간적 제약이 없으면 무언가를 기억하거나 떠올리는 기능이 상당히 약해진다. 일상에서 무언가를 자주 잊어버리고 요일을 착각하는 등 기억력이 느슨해지기 쉽다. 반대로 해마가 발달한 사람은 시간을 효율적으로 관리한다. 그래서 일을 할 때 마감 기한을 어기지 않으려고 신경 쓴다.

| 하루만 쉬어도 나태해지는 이유 |

하루에 2만 보 이상 걷던 사람이 1만 보로 줄이면 몸이 갑자기 움직임을 상실한다. 뇌의 운동 영역은 신체 움직임이 줄어든 만큼 직접적인 영향을 받는다. 스포츠 선수는 사흘만 쉬어도 몸이 무겁게 느껴지거나 좋은 점수를 내지 못해 몸이 둔해졌음을 스스로 금방 알아차린다. 그러나 일반인은 그렇게까지 민감하지 않아 슬금슬금 게으름 피우는 생활이 늘어간다. 이러한 날이 사나흘 이상 지속되면 그새 뇌가 게으른 상태에 익숙해져 회복이 필요할 때 즉각적으로 반응하지 못한다. 그래서 운동을 하루이틀만 쉬어도 다시 재개하기가 어려워 어느새 한 달, 일 년이 흘러버린다.

뇌의 운동 영역을 단련하기 위해서는 몸을 움직이는 게 무엇보다 중요하다. 행동력을 가장 탄탄하게 유지시켜주는 움직임은 걷기다. 날마다 자신이 평균적으로 얼마나 걷는지 파악하고 거기에 1천 보만 보태어도 행동력이 상당히 높아진다. 특별한 일을 하려고 마음먹기 전에 일상에서 몸의 움직임과 운동량을 일정량 이상 확보하는 것이 필요하다.

몸의 근육들에
독립성을 부여하라

| 몸 상태가 안 좋으면 사고 영역이 피로를 느낀다 |

무기력한 사람이 의지를 갖고 몸을 일으키려면 일상에서 소소하게라도 계속 변화를 주면서 뇌에 적절히 부담을 주는 게 좋다. 단, 몸 상태가 안 좋을 때는 뇌의 사고 영역에 부담이 가해지는데 이런 부담은 불필요하다. 자세가 비뚤다거나 신체 어딘가 통증이 있다거나 하는 경우가 해당된다. 몸에 무리가 가면 그것을 회복하고자 사고 영역의 기능이 활발해지고 이에 대한 압박감이 행동하기 전부터 뇌를 지치게 만들어 의지가 꺾인다.

신체 컨디션이 왜 사고 영역에 영향을 끼치는 걸까? 직접적으로 근육을 움직이게 하는 일은 운동 영역의 역할이지만, 운동 영역에 지령을 내리는 곳은 뇌의 사령탑인 사고 영역이다. 그래서 사고 영역이 피로하면 다른 영역에도 안 좋은 영향을 미친다. 다행히 부담이나 압박을 견뎌낸다 해도 뇌가 전체적으로 타격을 입는다. 신체가 단련되지 못한 상태에서 일상생활을 순조롭게 이어가려면 상당한 에너지가 필요하고 그러다 보면 다른 일에는 의욕이 생기지 않는다.

| 의욕을 떨어뜨리는 잘못된 근육 사용 |

머리와 목, 어깨 관절은 서로 근접해 있다. 그래서 어딘가 한곳을 움직이면 연동해서 전부 따라 움직이는 경우가 많다. 실제로 줄곧 고개가 아래를 향하고 있으면 두부와 연동된 목과 어깨 관절도 안쪽으로 굽는다. 거꾸로 말하면 앞으로 쏠린 머리를 고정하기 위해 목이나 어깨 관절이 뒤에서

당기는 것이다. 이 현상은 일자목 유형의 사람에게 나타나며 종종 어깨 결림이나 두통의 원인이 된다.

등 근육이나 장딴지(종아리 뒷부분) 등은 거의 통증을 느끼지 못해 근육의 상태를 알아차리기 어렵다. 이 부분이 부으면 자신도 모르는 사이 운동 영역에서 여분의 에너지를 소비하게 되어 뇌의 산소 효율이 떨어진다. 그러니 특히 더 의식적으로 신경 써야 한다.

근육을 분리하는 훈련

원래 머리와 목, 어깨 관절은 따로따로 움직여야 한다. 신체 부위 하나하나를 독립적으로 움직이도록 연습하면 뇌에서 이 세 곳을 분리할 수 있다. 예를 들면 옆을 보라고 할 때 행동이 빠른 사람은 머리만 옆으로 돌릴 수 있다. 반대로 행동이 느린 사람은 근육이 수축된 상태이므로 몸 어딘가를 움직이는 순간 주변 근육도 따라 움직인다. 얼굴만 옆으로 향하라고 해도 어깨까지 같이 돌아간다. 이처럼 뇌와 몸은 밀접한 관계를 맺고 있다. 몸을 부위마다 분리해 움직일 수 있는 사람은 뇌의 스위치 전환이 빠르며 행동으로 옮기기 쉽다. 민첩한 몸이 예리한 두뇌를 만든다. 몸의 각 부위의 움직임을 하나하나 분리함으로써 행동력을 높이자.

산소 효율을 높이면 몸동작이 가벼워진다

뇌에 가해지는 불필요한 부담을 없애는 데 효과적인 방법은 몸을 유연한 상태로 유지하면서 뇌의 산소 효율을 높이는 것이다. 뇌의 신경세포 하나를 움직이기 위해 10을 써야 했던 산소를 5로 줄일 수 있으면 같은 산소량으로 더 많이 움직일 수 있다.

몸이 딱딱하다는 말은 근육이 굳어 있다는 뜻이다. 몸을 움직이기 위해서는 뇌의 운동 영역에서 굳어버린 근육에 '늘어나라!' 하고 강하게 명령을 내려야 하므로 유연한 몸보다 산소를 더 많이 쓴다. 근육량이 많아야 좋은 이유도 마찬가지다. 근육량이 적은 사람이 무거운 것을 들려면 균형을 유지하기 위해 뇌의 운동 영역이 온몸의 근육에 지령을 내려야 한다. 그러기 위해 산소를 대량으로 사용하면 효율이 떨어지는 것이다.

이것은 노화 현상을 생각하면 이해하기 쉽다. 노화 현상이란 산소 효율이 떨어져 근육과 뇌가 의지대로 움직이지 못하는 상태다. 그래서 힘이 나지 않고 속도도 느린 것이다. 신체 능력이 좋다는 말은 뇌의 운동 영역에 부담을 주는 불필요한 에너지를 쓰지 않는다는 뜻이다. 즉, 산소 효율을 최대로 실현할 때 몸을 가볍고 활동적으로 움직일 수 있다.

불필요한 힘을 줄이는 중심 잡기

| 쓸데없는 힘을 쓰는지 판별하려면 |

산소 효율을 높이기 위해서는 불필요한 힘을 가급적 사용하지 않아야 한다. 사람은 보통 가만히 서 있기만 해도 쓸데없는 힘이 들어간다. 그러나 자신이 서 있는 동안 힘을 쓰지 않고 있는지 알기 어렵다. 쉽게 알 수 있는 법은 한쪽 맨발로 눈을 감고 서는 것이다. 불필요한 힘이 들어가면 한 발로 균형을 잡지 못한다. 스마트폰만 보느라 자세가 앞으로 쏠린 사람은 어깨 근육이 수축되어 움직일 수 있는 신체

범위가 매우 좁다. 이때도 수축된 어깨를 보완하기 위해 어딘가 불필요한 힘이 쓰인다.

이번에는 두 발로 서서 등 아래쪽에서 양손을 합장하고, 가능하다면 양쪽 팔꿈치에서 손끝까지 붙도록 힘을 주어보자. 어깨 위치가 머리보다 조금 뒤로 오도록 가슴을 쫙 편다. 몸이 굳은 사람이나 등에 근육이 수축된 사람은 하기 어려울 테니 가능한 범위 내에서 하면 된다. 이 자세를 팔이나 견갑골(날개뼈)이 부들부들 떨릴 때까지 유지하고 있으면 견갑골이 움직여 중심이 발뒤꿈치까지 내려간다. 이렇게 연습한 후 한 번 더 눈을 감고 한 발로 서면 이전보다 훨씬 오래 서 있을 수 있다.

| 뇌는 비뚤어진 몸을 바로 세운다 |

위와 같은 운동으로 오랫동안 균형을 유지할 수 있는 이유는 무엇일까?

인간의 몸은 발, 무릎, 허리, 몸통 순으로 집을 쌓는 것처럼 층층이 이루어져 있다. 이 운동을 통해 어깨를 바깥쪽으로 벌려 중심축이 올바른 위치에서 일자로 올라가도록 되돌리는 것이다. 이렇게 몸이 바르게 교정되면 뇌도 달라진다.

몸이 비뚤어져 있으면 검출 장치인 뇌에서 바로 알아차리고 불안정해지지 않도록 균형을 잡는다. 그러나 살짝 누르기만 해도 곧장 자세가 흐트러져버린다. 비뚤어진 자세를 교정하면 뇌가 균형을 잡기 위해 에너지를 사용하지 않아도 되므로 뇌의 부담이 줄어든다. 살짝 건드리는 정도로 휘청거리지도 않는다.

몸이나 뇌에 장애가 있는 사람은 몸이 의지대로 움직이지 못하므로 작은 행동 하나에도 굉장한 에너지가 소모된다. 뇌에 관해서는 평범한 사람의 네 배, 사람에 따라서는 훨씬 더 차이가 날 수 있다. 몸을 생각대로 움직인다는 것은 사실 매우 힘든 일이다. 몸을 부드럽게 해서 불필요한 힘만 사용하지 않아도 뇌에 가해지는 부담이 훨씬 줄어들 것이다(자신은 느끼지 못한다 해도).

뇌의 리듬을 유지하는 호흡법

|숨을 깊이 들이마시고 길게 내쉬기|

몸과 뇌는 서로 밀접하게 맞물려 있어 둘 다 자유롭게 쓸 수 있을 때 에너지가 넘친다. 뇌뿐 아니라 몸의 말초혈관까지 산소 효율을 높여준다면 움직이기 훨씬 쉽다. 산소 효율을 높일 수 있는 대표적인 방법은 호흡이다. 호흡의 기본은 '깊이 들이마시고 천천히 내쉬기'이다.

인간의 몸은 기초대사를 통해 산소를 일정량 소비한다. 기초대사 단계에서 뇌는 산소를 얼마나 공급하고 소비하여 균형을 맞출지 결정한다. 그러므로 뇌에 이상적인 산소 사용법을 입력해놓아야 에너지를 효율적으로 쓰는 데 도움이 된다. 숨을 깊이 들이마신 후 길게 내뱉는 습관을 들이면 산소를 천천히 밀어내듯 내쉴 수 있다. 통상적으로 숨을 천천히 밀어내기에 집중하면 뇌도 불필요한 움직임을 자제하고 천천히 움직인다. 무언가에 몰두하다 보면 갑작스럽게 산소 효율이 떨어지는 순간이 생긴다. 그때 이렇게 뇌를 리셋해놓고 산소를 안정적으로 순환시키는 식으로 호흡을 조절하면 일이나 공부로 인한 피로감이 생기지 않는다. 단, 호흡에 정신을 집중하다 보면 다른 일은 하지 못하게 되므로 호흡법은 뇌를 리셋시킬 수 있을 때만 사용하는 게 좋다.

| 긴장을 완화시키는 α파 |

또 긴장하고 있을 때는 호흡이 얕아져 뇌파(뇌가 활동할 때 흐르는 약한 전류)의 리듬이 거칠어진다. 뇌파의 리듬이 거칠어지면 당황해서 깊이 생각하지 못한다. 이때 호흡으로 뇌의 리듬을 정상 상태로 돌려놓으면 머리가 맑아진다.

뇌파는 낮은 주파수가 완만하게 곡선을 그리고 있어야 산소를 그다지 사용하지 않는다는 뜻이다. 주파수란 1초에 같은 곡선의 움직임을 몇 차례 반복하는가를 나타내는 것으로 순환 횟수를 의미한다. 가장 이상적인 상태는 힐링 효과를 얻는 α파(1초에 같은 진동을 8~13회 반복한다)가 흐를 때다. 편안하게 호흡하면 α파가 나오기 쉽고 긴장도 풀어진다.

뇌의 리듬을 정상 상태로 되돌리면 대응 능력을 갖추게 된다. 사방팔방에서 처리해야 할 정보가 쏟아지며 끊임없이 공격 받아도 하나하나 차분히 받아들이면서 처리할 수 있는 상태가 된다. 뇌는 정보가 모이는 정보 처리 센터이므로 정상적인 리듬만 유지하고 있으면 다소 혼잡한 상황에서도 일정 수준까지는 문제 없이 처리할 수 있다.

칼럼

복압은 두뇌 활동을
느리게 한다

뇌 작용을 활발하게 하기 위해서는 '복압'에 주의해야 한다. 공복 상태야말로 생각에 최적화되었다고 한다. 과식해서 배가 빵빵해졌거나 변비로 배가 부푼 상태에서는 뇌가 제대로 작동하기 힘들기 때문이다. 배가 부풀어 있으면 머리에 피가 돌기 어렵다. 지나치게 과식하면 불쾌하고 짜증이 난다. 그래서 비만으로 늘 배가 나와 있는 상태나 과식하는 습관은 소화기관뿐 아니라 뇌 건강에도 해롭다. '식사는 복팔분(腹八分, 식사할 때는 위의 80퍼센트만 채우라는 뜻—옮긴이)'이라는 말은 옳다. 식사할 때의 자세나 양은 '배고프다' '뭔가 먹고 싶다'는 생각이 들지 않을 정도면 충분하다. 뇌가 불필요한 것을 생각하지 않도록 몸을 정비한다면 뇌는 열심히 움직인다.

또 뇌가 제대로 작동하기 위해서는 아침을 꼭 먹는 게 좋다. 아침식사를 하는 과정이 뇌에 이제부터 움직일 시간이라는 신호가 된다. 아침 식사를 거르면 전날 저녁부터 다음날 점심을 먹을 때까지 약 15시간 동안 배 속이 비어 있으므로 저혈당으로 에너지가 바닥난다. 만일 전날 밤에 많이 먹어서 배가 고프지 않다면 먹는 척이라도 해야 한다. 무언가 씹는 것처럼 입을 오물거리자. 그러면 몸이 '아, 활동을 시작했구나!' 하고 인식하여 뇌가 움직이기 시작한다.

6장
10년 젊어지는 뇌 관리법

대화를 통해
생성되는 에너지

| 인풋과 아웃풋의 순환 구조 |

뇌는 인풋과 아웃풋이 균형을 이루고 있다. 뇌가 활동하기 위해 중요한 작용을 하는 곳은 이마 쪽에 있는 전두엽이다. 아웃풋 기능을 담당하는 운동, 전달, 사고, 감정 영역이 전두엽에 속해 있다(감정 영역은 인풋의 기능도 겸한다). 이에 보조를 맞추기 위해서는 후두엽을 통해 보고 듣고 이해하고 기억하는 인풋 기능이 필요하다. 상대의 이야기를 듣고 답하는 대화 방식이 이 구조에 딱 들어맞는다. 뇌가 효율적으

로 움직이려면 정보가 뒤쪽에서(인풋) 앞쪽(아웃풋)으로 이동해야 한다. 또 상대가 한 말을 생각하면서 이야기할 때는 우뇌에서 포착한 이미지나 관념을 좌뇌에서 언어 처리 기능을 통해 언어화해야 한다. 즉, 말을 할 때 뇌는 정보가 우뇌(이미지)에서 좌뇌(언어화)로 이동하며 기능한다.

| 말수가 줄면 우울감에 쉽게 빠진다 |

인간은 타인과 대화를 주고받음으로써 커다란 에너지를 얻는다. 대화란 상대의 이야기를 들으며 내가 하고 싶은 말을 하는 것이다. 거꾸로 말을 건네기 위해서 상대를 쳐다보기도 한다. 이런 식으로 인풋과 아웃풋이 순환한다. 그러나 에너지가 부족한 사람, 극단적인 경우 우울증에 걸린 사람은 대화를 피하기 때문에 아웃풋이 멈춘다. 거꾸로, 말이 없는 사람은 아웃풋이 멈춰버리니까 우울해 보이기도 한다.

눈을 이리저리 굴리지 않는 것도 안구 운동이 거의 이루어지지 않아 우울감에 빠지는 길이다. 자발적인 안구 운동은 뇌의 사고 영역이 시각 영역에 정보를 얻으러 가도록 명령함으로써 일어난다. 우울증에 걸린 사람은 뇌에 방어기제가 작동해 새로운 정보를 흡수하지 않으려 한다. 시각적으로 사물 자체가 보이지 않는 것은 아니지만 무의식이 주위 광경을 뇌에 입력되지 않도록 지워버린다. 이 상태가 오래 지속되면 뇌의 시각 영역이 약화되는 결과를 초래한다.

우울증에 걸린 사람의 뇌를 보면 이런 식으로 몇몇 기능이 억제된 채 일부 영역만 한정적으로 사용되는 경우가 많다.

| 눈과 입을 수시로 움직이기 |

남들과 얘기하지 않아도 뉴스 기사와 드라마 등 미디어를 통해 얼마든지 정보를 얻으면 된다고 안일하게 생각하는 사람이 있다. 그러나 그것만으로는 부족하다. 혼자 머릿속으로 생각하며 수동적으로 무조건 받기만 하는 자극은 입을 움직이지 않는다. 입 주변 근육을 쓸 일이 없으면 뇌에서 운동 부족을 호소한다. 입을 통해 언어를 내뱉는 행위는 전두엽에 있는 운동 영역과 전달 영역이 담당하는데, 사고를 언어화할 기회가 줄어들면 전달 영역의 자극이 함께 약해진다. 말을 하지 않으면 입 주변의 근육과 뇌의 운동 영역 간 네트워크 또한 제대로 작동하지 못한다.

눈에서도 같은 현상이 일어난다. 눈과 입을 움직이는 뇌의 운동 영역은 구강 쪽에 가까이 위치해 있다. 입이나 눈을 많이 움직이지 않으면 남들에게 무언가를 적극적으로 전달하려는 의지가 줄어든다. 나는 수많은 사람을 오랫동안 진료하며 관찰한 결과, 목부터 위쪽 부위의 운동 부족이 우울증을 악화시키는 원인 중 하나로 본다.

| 전달 속도를 높이는 미엘린 |

극단적인 예로 체포되거나 구류된 사람은 좁은 공간에서 머물러야 하므로 급격하게 운동 부족 현상을 겪는다. 수감 생활은 신선한 자극이랄 게 없는 삭막한 공간에서 날마다 같은 질문에 똑같은 대답을 반복하는 삶이다. 이런 생활이 장기간 지속되면 전선의 피복처럼 신경섬유를 감싸고 있는 백색 지방질 물질인 미엘린이 제 기능을 못하게 된다. 미엘린은 신경세포끼리 정보를 주고받는 속도를 백 배 정도 빠르게 해주는 고마운 물질이다. 미엘린의 작용이 둔화되면 지금까지 쌓아 올린 뇌의 신경세포 간 네트워크의 움직임이 약해지고 정보를 이동시키기 어려워진다. 문제는 자주 쓰지 않아 퇴화된 네트워크를 회복하는 데 시간이 걸린다는 점이다. 그러므로 적정 수준의 뇌 각성 상태를 유지하기 위해 일상생활에서 뇌에 주는 자극이 차단되지 않도록 각별히 주의해야 한다.

얼굴을 보면 행동을 읽을 수 있다

| 얼굴 표정을 닮아가는 뇌 |

앞에서 상대의 얼굴을 보면 그의 뇌 상태를 예측할 수 있다고 말했다. 집과 회사만 오가는 사람은 피부가 거칠거칠하다(물론 타고난 피부가 그럴 수도 있고 근무 환경도 영향을 주기 때문에 단정 지을 수는 없지만 말이다). 또 한참 호기심이 왕성할 나이임에도 주위에 무관심하고 표정도 굳어 있다. 오랜 기간 바깥 공기를 마시지 않은 사람(보통 히키코모리라 한다)과 이야기를 나누면 표정에 변화가 없는 경우가 많다. MRI

로 뇌를 살펴보면 히키코모리의 특징이 고스란히 나타난다. 나도 책만 파고들던 학창 시절에 거의 웃지 않았다.

반대로 타인과 자주 교류하는 사람의 표정은 풍부하다. 의사소통을 통해 상대의 표정이 자연스레 전염되기 때문에 사람을 많이 만나는 사람일수록 다양한 표정을 지을 수 있다(표정 외에도 맞장구를 칠 때나 대화가 오가는 간격, 상대를 배려하는 마음 등을 보면 여러 사람과 교류했음을 알 수 있다). 이렇듯 에너지가 있고 없고는 얼굴에 나타난다.

| 무표정은 보는 힘이 약하다는 증거 |

뇌의 감정 영역을 단련하다 보면 상대에게 고민이 있는지 읽을 수 있고 고민을 감추고 있다는 것도 알 수 있다. 표정으로 그 사람의 뇌의 움직임이 드러나기 때문에 연속된 행동에서 그런 신호가 언뜻언뜻 나타난다. 가끔 눈에 표정이 없고 안력이 약한 사람이 있다. 이는 눈으로 쌓아 올린 경험치가 낮아 뇌의 시각 영역이 약해진 것이다.

눈의 경험치가 낮다는 것은 현실에서 '보는' 경험이 부족하고 2D 세계에 만족하는 경우를 말한다. 타인을 만나면 상황에 따라 표정도 바뀌어야 하지만 2D 세계 속 등장인물과 상대할 때는 그럴 필요가 없어 무표정으로 굳어간다. 실제 삶에서 '보는' 경험치가 낮으면 사람을 만나도 뇌의 감정 영역의 편도체나 성적 욕구로 이어지는 시상하부에 가해지는 자극이 둔하다. 그래서 삶의 에너지를 느끼며 살아가기 위해서는 현실에서의 경험이 반드시 필요한 것이다.

여담으로 표정에 변화가 없는 또 다른 경우를 살펴보자면, 항상 긴장해야 하는 곳에서 일하는 사람은 무의식적으로 늘 인상을 쓰게 된다. 이를테면 경호원이나 경찰이 근엄한 얼굴로 상대를 노려보듯 사나운 표정을 간혹 짓는다. 이는 언제 갑자기 발생할지 모르는 긴박한 상황에 대처하기 위해서다. 위기를 관리하고 처리하는 현장에서 일을 하는 사람은 상대의 감정을 읽으려 할 뿐 아니라 주위의 위험을 인지하는 기능이 강하게 작동한다. 이처럼 일을 하면서 축적된 경험치가 특정한 표정을 만들뿐 아니라 뇌의 구조와 기능에도 뇌에까지 영향을 미친다.

고립보다 교류가
나를 지키는 길

| 의지박약한 사람의 특징 |

늘 에너지가 넘치기 위해서는 자신이 어디로 나아가야 하는지 항시 주목하는 게 좋다. 살아가면서 가던 길에 방해를 받거나 불행한 일에 맞닥뜨렸을 때 원하는 목적지나 방향성이 없으면 장애물을 극복할 수 있는 힘이 부족하다. 의지가 약한 사람들은 '딱히 하고 싶은 일이 없다'는 생각을 많이 하지만, 이것은 자기 마음을 모르는 것일 뿐이다. 계속 변화하는 세상에서 자기가 진정 원하는 것에 제약이 걸리

는 환경에 처하는 순간이 오면 비로소 깨닫는다. 현실에 안주하는 사람도 마찬가지로, 변화하지 않고 줄곧 같은 상태만 유지하려 들면 결국 시들고 만다. 그리고 그런 다음에야 나아가야 할 방향을 필요로 하며 찾아 헤맨다.

외부 자극에 의연해질 것

의욕을 끌어올리기 어려운 사람은 보통 눈과 귀를 닫은 채 혼자만의 세계에 갇혀 있다고 생각한다. 하지만 의외로 주변의 영향을 쉽게 받아 이리저리 휘둘리면서 앞으로 나아가지 못하고 파묻혀버린다. 현대사회에는 타인의 간섭이 싫어서 고립을 자처하는 이들이 점점 늘어나고 있다. 주위로부터 간섭을 받는 환경에 있으면 자신의 진짜 모습이 사라지는 느낌이 들어 스스로를 보호하기 위해 고립을 선택한다.

그러나 MRI 진단 결과를 보면 이와 완전히 반대되는 모습을 확인할 수 있다. 주변의 영향권으로부터 벗어나고자 자발적으로 고립된 사람은 오히려 주변에 파묻혀 있다. 연락조차 못 할 정도로 타인의 영향을 강하게 받고, 자신의 모습을 솔직하게 드러내지 못하기 때문에 혼자 있고 싶어 한다. 이는 뇌가 주위에 과민하게 반응하는 것이다. 주위 시선을 과도하게 의식하는 사람은 사람을 만나기 싫어하고 '내 마음대로 하고 싶다', '나는 무능하다' 등의 말을 자주 한다. 단순한 아르바이트라도 이런저런 지시를 받는 게 내키지 않는다면 외부의 영향을 크게 받는 사람일 가능성이 높다.

이렇게 고립된 사람의 뇌를 보면 대체로 좌뇌의 감정 영역이 약하고 자기 자신에 대해 잘 모르는 경향이 있다. 자신의 뇌에서 어느 부분이 약한지 알지 못하면서, 다른 사람의 감정은 보다 쉽게 느껴 점점 타인의 감정에 민감해진다. 고립을 택하는 사람은 공격받거나 평가받는 상황을 꺼린다. 하지만 인간은 외부로부터 자극을 받지 않고는 성장할 수 없다.

타인에게 휘둘리지 않는 중심 잡기

물리적인 고립까지 선택하지 않더라도 마음의 셔터를 내리고 주위 일에 반응하지 않는 사람도 있다. 이를테면 회사에서 권력을 이용해 괴롭히는 상사에게 벽을 쌓는 경우다. 소통을 완전히 차단하는 것은 아니지만, 상대가 하는 말에 대해 사무적으로 대응한다. 입시 공부에 지나치게 몰두하다 셔터를 내리는 경우도 있다. "친구도, 여자친구도 필요 없어요. 오늘은 아무도 만나고 싶지 않아서 학교 끝나자마자 바로 집에 뛰어왔어요." 내가 고등학교 3학년 때 한 말이다.

이렇게 셔터를 내리는 것은 '원하지 않는 인풋을 하지 않기'라는 일종의 테크닉이다. 경우에 따라 자신을 지키기 위해 이런 능력도 필요하다. 단지 셔터를 만드는 것에 에너지를 소비하고 인풋이 줄어드는 상태가 오래 지속되면 뇌가 효율적으로 작동하지 못한다. 셔터는 어디까지나 긴급 비상 시에 사용하는 것이 좋다.

고립된 사람보다 타인과 활발하게 교류하며 소통하는 것을 즐기는 사람일수록 주위로부터 영향을 크게 받지 않는다. 사회화된 사람일수록 자신을 표현하는 훈련이 잘되어 있기 때문이다. 즉, 이들은 자신의 입장을 정확히 알고 어떻게 반응해야 할지 생각해서 나름의 소신을 갖고 사회에 나온 사람들이다. 그래서 내면에 자기 나름대로 평가 기준을 갖고 있다.

사회에 자신의 의견과 욕구를 숨김없이 표출하는 것은 때로 비난받을 위험을 수반한다. 그러나 내면의 중심을 잘 잡는 사람에게는 자멸하지 않고 의지를 유지할 수 있는 방법이기도 하다. 늘 스스로에 대한 확신을 갖고 자신이 나아갈 곳을 직시하고 있는 사람은 타인이 간섭해도 신경 쓰지 않는다. 주위의 간섭이나 개입에 신경이 쓰인다면 자신만의 목표를 갖고 그것을 향한 에너지를 만들어내도록 의식적으로 노력해야 한다.

자신감이 생기는
자기 표현법

| 가만히 있으면 전달되지 않는다 |

그렇다면 자신을 표현하기 위해 어떻게 해야 할까? 감정 표현을 의식적으로 하다 보면 뇌의 감정 영역에 인풋되는 정보량이 늘어 자신감이 붙는다. 의지가 없다고 가만히 있으면 표현에 더 서툴러진다. 처음에는 몸짓만 가볍게 써도 분위기를 바꿀 수 있다. 혹은 출근해서 "Good morning everybody!"라고 영어로 아침 인사를 건네자. 주변에서 '이 사람 뭐야?' 하며 이상한 시선으로 볼 가능성도 있지만,

평소와 다른 인사를 신선하게 느끼며 반기는 사람도 있다.

대중 앞에서 발언하는 경험은 어떤 강도로 말하면 좋을까, 말하는 중에 농담은 어느 정도 던지는 것이 적절할까, 제스처를 함께 취해야 할까 등 타인과의 소통에 대해 고민하게 만들어 자기 표현을 연습하며 조정해나가는 훈련이 된다.

| 새로운 이미지를 만드는 다양한 표현 |

또 한 가지는 자기만의 개성이 있으면 좋다. 내가 사람들한테 어떤 인상을 주고 내가 나를 어떤 식으로 표현하고 있는가가 어떻게 조화를 이루느냐에 따라 전달 방식이 달라진다. 내 경우에는 "가토 씨처럼 이미지가 선한 사람은 똑 부러지는 말투를 쓰는 게 상대에게 효과적으로 전달돼요." 라고 아나운서 출신 지인에게 조언을 듣고 자신감이 생겼다. 본연의 나에게 힘든 방법이라면 의식적으로 시도하며 개선해야 한다. 표현에 따라 상대의 반응이 달라지므로 반복해서 연습하다 보면 새로운 정보와 경험의 창구가 열릴 것이다.

똑같이 말하면 새로운 이미지는 만들어낼 수 없다. 처음에는 연기한다는 생각으로 여러 표현을 꺼내어 연습하다 보면 점점 하나둘 자연스러운 표현으로 익을 것이다. 뇌에 반복적으로 입력됨으로써 슬며시 녹아든다. 단지 주의해야 할 점은 '표현의 매너리즘화'다. 프레젠테이션에 너무 익숙해지면 제대로 평가받지 못한다. 능숙해진 나머지 기계적으로 하는 경우 딱히 흠 잡을 데는 없지만 무언가 신선한 느낌이 들지 않기 때문이다. 이를테면 "평소 하던 대로 진행합시다."라는 식으로 안정적이지만 진부한 표현을 남발하곤 한다. 결혼을 위한 소개팅이나 맞선도 수차례 해서 아무런 긴장감이나 기대감도 느껴지지 않게 되면 실패를 거듭하기 쉽다.

| 자신감 있는 태도로 말하기 |

행동할 때 예의나 스타일에 너무 집착하는 사람이 있다. 한

번은 해외에서 발표를 하는 후배에게 "자신감을 갖고 말해 봐."라고 지도한 적 있다. 그는 발표가 "익숙하지 않아서 어떻게 해야 할지 모르겠어요. 어떤 식으로 해야 청중들의 눈과 귀를 사로잡을 수 있을까요?"라며 오로지 어떻게 보이느냐에 정신을 집중하고 있었다. 청중의 흥미를 유발할 수 있도록 특색 있는 발표 스타일을 고민하는 것도 중요하지만, '어떤 식으로 말을 할까'에 훨씬 신경 써야 한다.

작은 목소리로 쭈뼛거리며 소심하게 말하는 사람의 발표는 청중을 집중시키지 못한다. 발표자의 말이 효과적으로 전달되지 않기 때문에 청중의 머릿속에 정보가 들어오지 않는다. 특히 해외에서 발표하는 자리가 있을 때 일본 사람이 문화적 특성상 자주 하는 실수가 있다. 도입 부분에서 겸양의 표현을 많이 쓴다는 것이다. 어디에서나 예의를 차리고 겸손한 태도를 취하는 것은 중요하지만 지나칠 경우 자신감이 없어 보이므로 주의해야 한다. 주어진 시간이 겨우 15분밖에 안 되는 짧은 무대라면 청중은 자신 없어 보이는 발표에 귀 기울이지 않는다.

예의나 스타일을 걱정하는 이유는 대부분 발표 내용에

자신이 없기 때문이다. 그러니 자기가 어떻게 보일지에 신경 쓰기보다 발표 내용을 충실히 전달하는 데 집중하자. 발표 내용이 그 자리에서 가장 가치 있고 타인이 몰랐던 정보라면 훌륭한 평가를 받을 것이다. 사람들 앞에서 이야기할 때는 자신의 이야기가 모두에게 들을 가치가 있다는 자신감을 내비치는 게 중요하다. 예의나 스타일을 고민한다면 자신감 있는 태도부터 먼저 제대로 훈련해서 갖추도록 하자.

뇌는 실제 나이보다
10년은 젊다

| 나이는 숫자일 뿐이다 |

의욕 넘치는 사람은 실제 나이보다 젊어 보이는 경우가 많다. 실제로는 40, 50대이지만 30대 정도의 분위기를 자아내는 사람도 있다. 운동도 꾸준히 하고 잠도 충분히 자고 폭음이나 폭식도 하지 않고 병에 걸리지 않은 사람이라면 대체로 실제 나이보다 젊어 보인다. 하지만 그것만으로 설명되지 않는 부분이 있다. 원래 뇌가 성장하는 속도를 계산하면 신체보다 열 살은 젊다. 즉, 뇌보다 몸이 훨씬 빨리 늙는

다. 나이가 많아질수록 하고 싶은 일이나 즐거운 일과 겉모습 사이에 불균형이 커진다. 마음만은 청춘이라는 말이 있지 않은가. 아직 마음은 20대, 30대처럼 열정이 넘치지만 체력과 신체 조건이 받쳐주지 못해 안타까운 경우가 많다.

뇌는 다양한 경험을 인풋해서 성장하려는데, 얼굴에 생긴 주름을 발견하고는 '나이를 먹을 만큼 먹었구나.' 하고 포기 모드로 돌아서버린다. 이런 식으로 겉모습에 맞춰 생활하면 사용하지 않아서 녹슬어가는 뇌 영역이 점점 많아진다. 아직 우리의 뇌는 그만큼 늙지 않았는데 말이다.

| 뇌의 욕구에 따를 것 |

의욕을 꾸준하게 유지하기 위해서는 신체 나이가 아니라 뇌의 욕구에 따르는 게 중요하다. 행동력이 있는 사람은 나이를 신경 쓰기보다 자신이 하고 싶은 일을 우선시하고 옷 스타일 등도 젊은 디자인을 선택하는 경우가 많다. 우리는 내면의 욕구에 솔직해질 때 기분이 좋아진다. 이때 뇌가 활발하게 움직이며 세상의 변화와 새로운 흐름에 발맞출 수 있다.

인지 기능이 떨어지면 새로운 경험을 인풋하기 어려워지므로 자신의 오랜 경험에만 비추어 사물이나 현상을 이해하려 한다. 지금은 현금을 들고 다니는 사람이 거의 없을뿐 아니라 카드 결제를 넘어 스마트폰 앱을 이용하여 계산하는 시대다. 연령대가 높을수록 이러한 기술 변화에 적응하지 못하고 과거에 머무른다. 그러나 이런 새로운 흐름도 본인이 어떻게 받아들이냐에 따라 뇌의 수용 태도가 달라진다. 흔히 젊게 산다는 이미지를 풍기는 사람은 새로운 정보를 차단하기보다 적극적으로 받아들이고 따르려는 삶의 방식을 취한다.

| 유독 젊게 사는 사람의 비밀 |

또 활기찬 사람이 젊어 보이는 이유는 사람들과 자주 만나 소통하기 때문이다. 아무도 만나지 않고 자기 방에 틀

어박혀 공부만 하면 자기 관리에 느슨해진다. 점점 복장이 칙칙해지고 머리가 지저분해져도 다듬을 생각을 하지 않는다. 반면 날마다 누군가를 만나는 일이 있거나 관심 있는 이성을 만난다면, 자신이 초라하게 보이지 않도록 수시로 돌아보며 점검한다(옷매무새에 별로 신경 쓰지 않는 사람만 만나면 자신도 모르게 관리를 대충하게 된다). 관심 있게 지켜보는 사람이 많은 만큼 더욱 더 자기 모습을 의식하게 된다. 거울은 대답해주지 않지만 타인은 말을 한다. 타인을 신경 쓰고 주변의 시선을 의식함으로써 뇌를 자극시켜 계속 움직이게 만드는 것이 자신의 외모 또한 젊게 가꾸고 유지할 수 있는 비법이다.

> 칼럼

어른이 된 후
내향적으로 바뀌었다면

유년 시절에는 매우 활발하더니 성장하면서 내향적으로 바뀌는 사람이 있다. 이런 유형의 사람은 나이가 들며 성격이 안정을 찾는 게 아니라 원래 발달 장애를 안고 있었을 확률이 크다.

성인이 되면 ADHD(Attention Deficit Hyperactivity Disorder, 주의력 결핍 과잉 행동 장애)에서 H(과잉 행동)가 저하되고 ADD(주의력 결핍 장애)로 바뀌는 경우가 많다. 과잉 행동이 나타나는 아이들은 가만히 있지 못하고 교실에 오랜 시간 앉아 반복되는 일을 참지 못한다. 이런 과잉 행동이 어린 시절에 나타나는 원인은 낮은 각성 레벨 때문이다. 뇌의 각성 레벨이 떨어지면 정상 범주를 넘어서서 계속 움직이며 충동적인 행동을 일삼고 불안해하는 경향을 보인다.

어린 시절에는 스스로 의식하기보다 체험한 사건이나 주위 환경으로부터 자극을 받아 뇌 각성 레벨이 높아진다. 그렇기 때문에 주위에 재미난 일이 없다는 이유로 각성 레벨이 떨어지기 쉽다. 실제로 저각성 상태인 아이는 보육원이나 초등학교에서 하루 동안 있었던 일을 부모에게 거의 말하지 않는다. 어린 시절의 일을 별로 기억하지 못하는 사람은 ADHD 등 발달 장애일 가능성이 있다. 이런 유형의 사람이 전두엽이 발달하기 시작하는 사춘기 무렵부터 각성 레벨이 표준 수준까지 높아지기 시작하고 그 과정에서 안정된 상태를 되찾으면 유년 시절보다 내향적으로 바뀐 것처럼 보인다.

| 나가며 |

지구상에서 살아가는 한 인종이나 국가를 초월해 사람들은 연결되어 있다. 좋은 일이건 나쁜 일이건 함께 겪는 운명공동체다. 그럼 뇌는 어떨까?

뇌에 관한 연구를 시작한 지 45년이 흘렀다. 해를 거듭할수록 인간의 뇌는 서로 연결되어 있다는 나의 가설이 어쩌면 사실일지도 모른다고 생각하게 되었다. 우리는 타인을 만나 직접 대화하면서 소통하면 상호 간의 뇌가 직접적인 영향을 주고받는다. 이 가설은 시공을 초월해 사람과 사람 사이에 뇌가 직접 정보를 교환한다는 것을 검증하려는 데에서 출발했다. 앞으로도 나는 이 '시공간 초월 소통 가설'의 연구를 계속해나갈 것이다. 요지는 형태가 없는 의지 에너지일지라도 사람과 사람을 이어준다는 것이다. 활력 넘치는 사람은 그의 에너지로 가라앉아 있는 사람을 무기력의 늪에서 끌어올려준다.

내 할아버지는 의지를 겉으로 드러내지 않는 사람이었으나 평소 활동하는 모습을 보면 의욕이 넘쳤다. 80세를 넘기고서도 바다에 나가 고기잡이 생활을 이어나갔다. 지금 돌아보면 90세에도 의욕이 떨어지지 않았던 것 같다. 당시에는 그것이 당연하다고 생각했지만, 내가 60살에 가까워져 보니 꾸준히 뇌를 단련하지 않으면 80, 90세까지 의욕을 지속할 수 없다는 것을 깨달았다. MRI로 뇌의 모습을 연구한 결과, 100세를 넘기고도 의욕 넘치는 사람은 이마 바로 뒤에 위치해서 아즈나차크라(ājñā-cakra, 산스크리트어로 직관의 눈, 제3의 눈이라는 뜻—옮긴이)의 역할을 하는 전전두엽(전두엽의 맨 앞쪽을 차지한 대뇌 피질)라는 뇌 영역이 굵고 선명하게 발달했음을 알았다. 즉, 의지는 뇌가 만들어내는 것이었다. 한편 할아버지와 정반대인 아버지는 의지를 밖으로 있는 그대로 표출함으로써 무기력한 삶을 극복하려는 강인하고 씩씩한 사람이다. 덩달아 할머니와 어머니의 의욕을 북돋아주며 살아왔다.

이처럼 내면적으로도 외면적으로도 에너지 넘치는 가정에서 태어난 것은 내게 행운이다. 지금도 그들부터 에너지를 전달받고 있다. 에너지는 전염성이 강하다. 에너지가 없는 사람이 활동적인 사람과 있으면 함께 기분이 좋아지고 무언가 하고자 하는 의지가 차츰 생겨나는 이유가 바로 이 때문이다. 가족이 아니어도 우리와 가까운 곳에 의지 에너지가 넘치는 사람이 있다는 것은 엄청난 행운이다. 그 에너지를 성공의 부적처럼 여기며 자신의 인생에 활용해나가기 바란다. 그 안에서 탄생한 에너지가 또 다른 사람에게 전달되어 도움을 줄 것이다.

할아버지나 아버지의 삶을 지켜보면서 의욕 에너지는 뇌의 견뎌내는 힘과 같은 맥락이 아닐까 생각한다. 전전두엽은 인내력이나 스트레스 내성의 역할도 담당한다. 지금 우리에게 주어진 과제는 상황과 필요에 따라 견디면서 의욕을 일으키는 일이 아닐까.

이 책이 근무 현장을 넘어 독자의 생활과 생명을 보호하는 활동에 조금이라도 보탬이 된다면 의사로서 가치 있고 감사한 일이다.

가토 도시노리

아무것도
하기 싫은 사람을 위한
뇌 과학

초판 1쇄 발행 2021년 6월 4일
초판 5쇄 발행 2024년 9월 19일

지은이 가토 도시노리
옮긴이 정현옥

발행인 이봉주 | **단행본사업본부장** 신동해
편집장 김경림 | **마케팅** 최혜진 이인국 | **홍보** 반여진 허지호 송임선
디자인 지완 | **국제업무** 김은정 김지민 | **제작** 정석훈

브랜드 갤리온
주소 경기도 파주시 회동길 20
문의전화 031-956-7429 (편집) 031-956-7089 (마케팅)

홈페이지 www.wjbooks.co.kr
인스타그램 www.instagram.com/woongjin_readers
페이스북 www.facebook.com/wjbook
블로그 blog.naver.com/wj_booking

발행처 (주)웅진씽크빅
출판신고 1980년 3월 29일 제406-2007-000046호

한국어판 출판권ⓒ 웅진씽크빅, 2021
ISBN 978-89-01-25115-8 (03510)

갤리온은 ㈜웅진씽크빅 단행본사업본부의 브랜드입니다.

• 책값은 뒤표지에 있습니다.
• 잘못된 책은 구입하신 곳에서 바꾸어 드립니다.